# LE CHANSONNIER BACHIQUE.

A PARIS,
Chez F. Louis, Libraire, rue de Savoie, N.º 6.
1813.
de l'Imprimerie de Leblanc.

# CHOIX
# D'AIRS OU TIMBRES.

On entend par le mot *timbre*, la désignation d'un *air* quelconque, ou le premier vers, quelquefois le dernier, de la chanson pour laquelle l'*air* a été composé.

On entend aussi par ce mot, un vers quelconque d'une chanson, ou son refrain ; ainsi,

> Chantez, dansez, amusez-vous,
> Mon père était pot,
> Sautez par la croisée,

sont des timbres.

Les airs, dits de *facture*, étant faits spécialement pour telle chanson, on n'en donne point ici de choix, parce que fort rarement ils peuvent s'adapter à aucune autre chanson.

Les numéros placés entre parenthèses, à côté des airs, renvoyent au même numéro de ce *Choix de Timbres*, et donnent la facilité de chanter les chansons sur les airs qu'on connaît, ou qu'on croit les plus convenables à l'expression des paroles.

(1)     Couplets de 8 vers de 10 syllabes.
        *Féminin, masculin*, alternatifs.

Ce fut toujours de la simple nature.
Contentons-nous d'une simple bouteille.
Pourquoi faut-il ici-bas que la peine?
J'aime les prés, les champs et les bois sombres.
Mon petit cœur à chaque instant soupire.
Muse des jeux et des accords champêtres (de Doche).
Vaudeville des Chevilles de maître Adam.

(2)     Couplets de 4 vers de 10 syllabes.
        *Féminin, masculin*, alternatifs.

Charmant désert, tranquille solitude (Folies d'Espagne).
Charmantes fleurs, quittez les prés de Flore.
Daigne écouter l'amant fidèle et tendre.
Depuis long-temps j'ai trois mots à vous dire.
Je t'aimerai, je chérirai tes chaînes.
Femme sensible, entends-tu le ramage?
O Fontenay, qu'embellissent les roses!
Point n'ai d'attraits, etc.
Pourquoi vouloir qu'une personne chante?
Rien, tendre Amour, ne résiste à tes armes (Gulnare).
Te bien aimer, ô ma chère Zélie!
Triste raison, j'abjure ton empire.
Un tendre amant veut-il dire qu'il aime.
Viendras-tu pas, toi que mon cœur adore?
Vaudeville du Méléagre champenois.

(3)     Couplets de 4 vers de 10 syllabes.
        1 *féminin*, 2 *masculins*, 1 *féminin*.

A dix-sept ans, la pauvre Coralie.
Vous l'ordonnez, je me ferai connaître.
Air de Paësiello, sur les mêmes paroles.

(4) Couplets de 8 vers de 8 syllabes.
*Masculin, féminin,* alternatifs.

Air de la romance de Bélisaire.
Adieu ; je vous fuis, bois charmans.
Age d'Astrée, ô temps heureux !
Ah ! daignez m'épargner le reste.
Au sein d'une fleur tour-à-tour.
Avec vous sous le même toit.
Ce fut par la faute du sort.
Chacun avec moi l'avoûra.
Comme j'aime mon Hippolyte.
Conservez bien la paix du cœur.
De vos bontés, de mon amour.
De prendre femme, un jour, dit-on.
Femmes, voulez-vous éprouver ?
Il faut donc partir de ces lieux.
J'aime la force dans le vin.
Je vous comprendrai toujours bien..
Je t'aime tant, je t'aime tant.
Je ne suis plus de ces vainqueurs.
Jeunes amans, cueillez des fleurs.
Il faut des époux assortis.
La comédie est un miroir.
La fuite en Egypte jadis.
Le roi des preux, le fier Roland ( d'Alvimare ).
Ma Doris, un jour, s'égara.
Non, non, Doris, ne pense pas.
On compterait les diamans.
On fait toujours la même chose (Marcelin).
Prenons d'abord l'air bien méchant.
Que m'importe ma liberté !
Que chaque fleur m'offre à ses yeux (Arlequin à Alger).

## CHOIX

**(4) Suite des 8 vers de 8 syllabes, *masc. fém.* alt.**

Que vois-je ? ah ! quel jour radieux ?
Sur un soupçon trop incertain.
Sylvie à l'âge de quinze ans.
Trouver le bonheur en famille.
Trouverez-vous un parlement ?
Vaudeville de Oui ou non.
——————— du Fandango.
——————— du petit Jockey.
——————— d'Alcibiade
——————— des Vélocifères.
——————— de la Soirée orageuse.
——————— des deux Veuves.
——————— de la Revue de l'an VI.
——————— de la Cinquième Edition.
——————— de la Fille en Loterie.
——————— de Voltaire chez Ninon.
——————— de l'Abbé Pellegrin.
——————— de Molière à Lyon.
——————— de Florian (J'étais bon chasseur autrefois).

**(5) Couplets de 8 vers de 8 syllabes.**
*Féminin, masculin,* alternatifs.

Air du Maître d'Ecole.
Air de la ronde d'Anacréon.
Air du Cousin de tout le monde.
Air de Gabrielle de Vergy.
Amusez-vous, jeunes fillettes.
A Paris, et loin de sa mère.
A peine au sortir de l'enfance (Joseph).
Au fond d'une sombre retraite.
Au fond d'un bois, la jeune Adèle.

## D'AIRS OU TIMBRES.

(5) Suite des 8 vers de 8 syllabes, *fém. masc.* alt.

Au soin que je prends de ma gloire.
Avec les jeux dans le village.
A voyager passant sa vie.
Ce magistrat irréprochable.
C'est à mon maître en l'art de plaire.
C'est par les yeux que tout s'exprime.
C'est pour toi que je les arrange.
Cet arbre apporté de Provence.
D'l'instant qu'on nous mit en ménage.
Des simples jeux de son enfance.
Deux enfans s'aimaient d'amour tendre.
D'une abeille toujours chérie.
De sommeiller encor, ma chère (Fanchon).
Du partage de la richesse.
Du serin qui te fait envie.
Faut attendre avec patience.
Guillot, un jour, trouva Lisette.
Guillot auprès de Guillemette.
Guzman ne connait plus d'obstacle.
J'ai pour toujours à ma Sophie.
J'ai vu le Parnasse des Dames.
J'ai vu partout dans mes voyages.
J'aime ce mot de gentillesse.
Je vais te voir, charmante Lise.
Je le tiens ce nid de fauvette.
Je loge au quatrième étage.
Jetez les yeux sur cette lettre.
La jeune Hortense dans Ferrare.
La douce clarté de l'Aurore.
L'autre jour j'aperçus Lisette.
Lise chantait dans la prairie.

(5) Suite des 8 vers de 8 syllabes, *fém. masc.* alt.

Lorsque dans une tour obscure.
Lycas aimait la jeune Ismène.
Mon cœur soupire dès l'aurore.
Ma peine a devancé l'aurore.
N'avoir jamais qu'une pensée.
Par hasard, ce bon La Fontaine.
Pégase est un cheval qui porte.
Pourriez-vous bien douter encore ?
Quand l'Amour naquit à Cythère.
Que j'aime à voir les hirondelles.
Salut, ô divine Espérance !
Si Dorilas médit des femmes.
Si Pauline est dans l'indigence.
Sous une paupière innocente.
Tendre fruit des pleurs de l'Aurore.
Tenez, moi je suis un bonhomme.
Tout roule aujourd'hui dans le monde.
Un jour, me demandait Hortense.
Un jour pur éclairait mon âme.
Vous me plaignez, ma tendre amie.
Vous qui du vulgaire stupide.
Vaudeville de Florine.
———— de Jadis et Aujourd'hui.
———— des Jumeaux de Bergame.
———— de l'Officier de fortune.
———— du petit Matelot.
———— des petits Montagnards.
———— du Rémouleur et la Meûnière.
———— du Jaloux malade.
———— du ballet des Pierrots.
———— de la petite Métromanie.
———— du Tableau en litige.

D'AIRS OU TIMBRES.

(6) Couplets de 8 vers de 8 syllabes.

Les 4 premiers vers, *féminin, masculin,* alternatifs.
Les 4 derniers, 1 *féminin,* 2 *masculins,* 1 *féminin.*

Dans la chambre où naquit Molière.
L'éclat d'une vive Lumière (Owinska).
Souvent, la nuit, quand je sommeille.
Vaudeville de l'Avare et son Ami.
———— des Chasseurs et la Laitière.
———— des Visitandines.

(7) Couplets de 8 vers de 8 syllabes.

1 *féminin,* 2 *masculins,* 1 *féminin.*
1 *masculin,* 2 *féminins,* 1 *masculin.*

Être délicat en affaire.
Un soir, dans la forêt prochaine.

(8) Couplets de 8 vers de 8 syllabes.

1 *masculin,* 2 *féminins,* 1 *masculin.*
1 *féminin,* 2 *masculins,* 1 *féminin.*

Ah! pour l'amant le plus discret.
Comment goûter quelque repos?
Vaudeville des Hasards de la guerre.

(9) Couplets de 6 vers de 8 syllabes.

Les 4 premiers vers, *masculin, féminin,* alternatifs.
Les 2 derniers, *masculins.*

Ce fut au temps de la moisson.
Chantez, dansez, amusez-vous.
Dans le bosquet, l'autre matin (la Dot).
J'avais égaré mon fuseau.
Mon père, je viens devant vous.
Versez donc, mes amis, versez.

(10) Couplets de 6 vers de 8 syllabes.
Les 2 premiers, *féminins.*
Les 4 derniers, *masculin, féminin,* alternatifs.

De tous les capucins du monde.
Je ne suis né, ni roi, ni prince.

(11) Couplets de 6 vers de 8 syllabes.
1 *Féminin,* 2 *masculins,* 1 *féminin,* 2 *masculins.*

Ah ! s'il est dans notre village.
Il n'est qu'un pas du mal au bien.
Il reviendra ce soir, je crois.

(12) Couplets de 4 vers de 8 syllabes.
*Masculin, féminin,* alternatifs.

Flora n'a pas besoin d'ayeux.
Nous sommes précepteurs d'Amour.
Que ne suis-je encore un enfant !
Sans dépit, sans légèreté.

(13) Couplets de 4 vers de 8 syllabes.
*Féminin, masculin,* alternatifs.

C'était la fête de Sylvie.
Dans un bois solitaire et sombre.
Je l'ai planté, je l'ai vu naître.
Jupiter, prête-moi ta foudre.
La circonstance du moment (Minuit)
Réveillez-vous, belle endormie.
Sous un saule, dans la prairie.
Sur un sofa, dans un boudoir.
Tu croyais, en aimant Colette.
Vous qui suivez toujours mes traces.

(14) Couplets de 8 vers, dont 7 de 8 syllabes,
et le dernier de 6 syllabes.
*Masculin, féminin*, alternatifs.

Les cruels ravages du Temps.
Sautez par la croisée.
Vaudeville d'Arlequin afficheur.
——————— de Frosine.
——————— de l'Opéra comique.
——————— de la Pupille.
——————— des Valets de campagne.

(15) Couplets de 8 vers dont le 1er de 8 syllabes
et le 2e de 6, alternativement.
*Masculin, féminin*, alternatifs.

Air de Joconde.
Air du pas redoublé.
Est-il de plus douces odeurs ?
J'avais à peine dix-sept ans.
Je connais un berger discret.
Le curé de Pompone a dit.
Nous jouissons dans nos hameaux.
O vous que le besoin d'aimer.
Philis demande son portrait.
Quand je vous ai donné mon cœur.
Qui par fortune trouvera.
Vous m'ordonnez de la brûler.
Vous voulez me faire chanter.

(16) Couplets de 8 vers de 7 syllabes.
*Féminin, masculin*, alternatifs.

Air de la fanfare de Saint-Cloud.
Aussitôt que la lumière.
Ce boudoir est mon Parnasse.
C'est la fille à Simonette.
C'est la petite Thérèse.
Dans ces désertes campagnes.
Des rigueurs d'une bergère.
En amour, c'est au village.
Et j'y pris bien du plaisir.
Je suis modeste et soumise (Cendrillon).
Jusque dans la moindre chose.
La nuit, quand j'pense à Jeannette.
La lumière la plus pure.
Le soleil est le principe.
Que ne suis-je la fougère !
Sur une écorce légère.
Ton humeur est, Catherine.
Ronde du Club des Bonnes-Gens.
Vaudeville de Claudine.
————— de Lantara.
————— des Rendez-vous bourgeois.
————— du Réveil d'Épiménide.

Même rythme, *masculin, féminin*, alternatifs.

C'est du bien que l'on en dit.
Laissant respirer les cœurs (l'Amour marchand de roses).

## D'AIRS OU TIMBRES.

(17) Couplets de 6 vers de 7 syllabes.
*Féminin, masculin,* alternatifs.

Ce mouchoir, belle Raimonde.
Cœurs sensibles, cœurs fidèles.
Dans un verger, Colinette.

(18) Couplets de 8 vers de 6 syllabes.
*Féminin, masculin,* alternatifs.

Attendez-moi sous l'orme.
Bocage, que l'Aurore.
Ça fait toujours plaisir.
Dans la vigne à Claudine.
Dans les Gardes françaises.
Dans ma cabane obscure.
De mon berger volage.
Ecoutez l'aventure.
Il pleut, il pleut, bergère.
Jeune et novice encore.
La femme est une rose.
Linval aimait Arsène.
Lise, entends-tu l'orage?
O ma plaintive amie !
O ma tendre musette !
Partant pour la Syrie.
Sur le déclin de l'âge.
Un ingrat m'abandonne.
Vent brûlant d'Arabie.

(19) Couplets de 8 vers de 6 syllabes.
1 *masculin,* 2 *féminins,* 1 *masculin.*
1 *masculin,* 2 *féminins,* 1 *masculin.*

Au bord d'un clair ruisseau.
Julie est sans désir.

(20)     Couplets de 8 vers de 5 syllabes.
*Féminin, masculin*, alternatifs.

Assis sur l'herbette.
Au clair de la lune.
Déjà dans la plaine.
La jeune Isabelle.
Malgré la bataille.
Vivent les fillettes.

(21)     Couplets de 5 vers, dont le 1$^{er}$ et le 5$^e$ de 4 syllabes, le 2$^e$, le 3$^e$, le 4$^e$, de 8 syllabes.
*Féminin, masculin*, alternatifs.

Bouton de rose.
O ma Georgette !
Pour la baronne.
Que veut-il dire ?
Vers ma chaumière.

(22)     Couplets de 8 vers, dont le 1$^{er}$ de 8 syllabes, et le 2$^e$ de 4 syllabes, alternativement.
*Féminin, masculin*, alternatifs.

Air des Pélerins de Saint-Jacques. (Nous voyageons, etc.)
Air de la Romance d'Alexis.
N'est-il, Amour, sous ton empire ?
Sans le nommer.
Vous qui de l'amoureuse ivresse.

# LE CHANSONNIER BACHIQUE.

## A M. LE CHEVALIER G***,
### COLONEL D'ARTILLERIE.

(5) Air : *Au soin que je prends de ma gloire.*

Un Colonel d'artillerie,
Loin des mortiers et des obus,
Changeant enfin de *batterie*,
A choisi celle de Comus.
Et jour et nuit livrant la guerre
A la tristesse, au noir chagrin,
Pour canon, il a pris un verre,
Pour mot d'ordre, un joyeux refrain.

Dans le joli parc de Cythère
Il campe sur un lit de fleurs;
C'est là qu'il sait aimer et plaire,
Attaquer et prendre des cœurs.

Ami des plaisirs, de la gloire,
On le voit briller tour-à-tour
Sous les drapeaux de la Victoire
Et sous l'étendard de l'Amour.

Dirigeons notre artillerie
Contre les plats et les flacons;
Que les bons mots et la saillie
S'échappent avec les bouchons.
Après le Bordeaux, le Madère,
Je veux ici, dans mon ardeur,
Finir par un coup de Tonnerre....
A la santé de l'artilleur.

M. Casimir-Menestrier.

# STANCES

#### FAITES LE JOUR DES ROIS.

*Air à faire.*

Un Roi l'a dit, mes amis, je l'en crois;
J'en fis hier la douce expérience;
Le plus beau rêve à faire pour des Rois,
Est de rêver qu'ils sont Rois de la France.

Si Darius fut Roi par son cheval,
J'ai d'une fève obtenu ma puissance;
Mais, direz-vous, voyez l'original!
Quels plaisans Rois auprès du Roi de France!

J'en conviendrai; mais vous, à votre tour,
Pour un Monarque ayez plus d'indulgence,
Et confessez que, pendant tout un jour,
Je pus marcher l'égal du Roi de France.

Le sort me nomme; aussitôt mille voix
Ont de mon règne illustré la naissance;
Ainsi, disais-je, on chantait autrefois
L'avénement du nouveau Roi de France.

Je prends pour Reine un objet plein d'appas;
Elle avait tout, grâce, esprit, bienfaisance;
Je vous entends; vous vous dites tout bas :
C'est le portrait de la Reine de France.

Mais tu n'as pas de Ministres; tant mieux;
Souvent des Rois ils trompent la prudence;
Je n'en veux point, ou j'en veux comme ceux
Qu'a de nos jours choisis le Roi de France.

Dans mes états j'ai fait fleurir la paix;
J'ai sur les miens répandu l'abondance;
Je fus aimé, béni de mes sujets :
Ainsi voit-on régner le Roi de France.

Biens, sceptre, honneur, tout est fini pour moi;
Telle est du sort la bizarre inconstance;
Heureux du moins, en cessant d'être Roi,
De me trouver sujet du Roi de France.

M. Théveneau.

## LE ROI DE LA FÈVE.

(9) Air : *Chantez, dansez, etc.*

J'aimerais assez être Roi,
Mais seulement Roi de la fève;
Ce gai métier, ce doux emploi,
Donne au moins des momens de trêve.
Mais pour être Roi tout de bon,
Même en France, je dirais non.

Qu'un Roi de la fève est heureux !
Le dos au feu, le ventre à table,
Un verre plein d'un vin fumeux,
Est son sceptre peu redoutable.
Mais pour être Roi tout de bon,
Même en France, je dirais non.

Ses lois ne sont que des bons mots;
Il boit à gauche, il baise à droite;
Et toujours les meilleurs morceaux
Sont siens sitôt qu'il les convoite.
Mais pour être Roi tout de bon,
Même en France, je dirais non.

Sur des convives délicats
Il est plus doux d'avoir l'empire,
Que de régner sur des ingrats,
Toujours tout prêts à contredire.
Mais pour être Roi tout de bon,
Même en France, je dirais non.

Quand par la fève on devient Roi,
On peut se choisir sa compagne,
Sans craindre qu'un voisin sournois
Conduise une armée en campagne.
Mais pour être Roi tout de bon,
Même en France, je dirais non.

De la fève la royauté
Ne rompt pas, comme à l'ordinaire,
Cette touchante égalité
Qui n'existe plus sur la terre;
Mais pour être Roi tout de bon,
Même en France, je dirais non.

MARÉCHAL.

## LES ROIS DE LA FÈVE.

(6) Air du vaudeville de l'*Avare et son Ami.*

En ce jour le sort m'est propice,
Et sur le trône il m'a porté;
Amis, que l'on se réjouisse,
Pour célébrer ma royauté.
Mon règne n'étant qu'un beau rêve,
Prolongez mon heureux sommeil;
Car vous me direz au réveil:
« Tu n'étais qu'un Roi de la fève ».

Nous voyons souvent sur la scène
César, Auguste, Agamemnon;
Mais les enfans de Melpomène
De ces grands Rois n'ont que le nom.
Alors que la pièce s'achève
Se dissipe l'illusion;
César, Auguste, Agamemnon,
Ne sont que des Rois de la fève.

Si le bonheur est sur le trône,
J'en jouirai quelques momens;
Mais si la gloire l'environne,
Elle en cache aussi les tourmens.

Quand vers les cieux mon œil s'élève,
Je dis : « Ces Rois si grands, si fiers,
Devant le Roi de l'Univers,
Que sont-ils ? des Rois de la fève ».

## LA FÈVE DES ROIS.

(10) Air : *De tous les capucins du monde.*

Faisant les Rois avec Climène,
Une fève la rendit Reine :
Tout le monde en fut enchanté.
L'Amour me chargea de lui dire
Qu'il approuvait sa royauté
Et qu'il lui cédait son Empire.

## LE ROI TOUT SEUL.

COUPLETS FAITS EN DÎNANT SEUL, LE JOUR DES ROIS.

(4) Air : *Trouverez-vous un parlement ?*

Fuyant les plaisirs et le bruit
Qu'en ce jour la foule s'apprête,
Tout seul, dans mon petit réduit,
Des Rois je veux chomer la fête.
Le nom de Roi, ce nom si beau,
Qu'un gourmand souvent nous enlève,
Sera pour moi si mon gâteau
Dans son sein renferme une fève.

Est-il possible ! je suis Roi !
Non, rien n'égale ma surprise.
Quoi ! le sort est tombé sur moi !
Voyez comme il me favorise.
Je devrais chanter : *Le Roi boit !*
Pour célebrer ici ma gloire ;
Mais je ne puis, on le conçoit,
En même-temps chanter et boire.

Par mes sujets je ne crains pas
D'être privé de ma couronne;
Je ne règne que sur des plats,
Dignes soutiens de ma personne;
Aussi je veux les épargner,
En modérant ma faim extrême;
Puisque le sort me fait régner,
En bon Roi, régnons sur moi-même.

M. FAVERNAY.

## IMPROMPTU

D'UN ROI DE LA FÈVE, EN SE CHOISISSANT UNE REINE.

(5) Air : *Du serin qui te fait envie.*

Eglé, je te fais Souveraine;
Au sort je dois ma royauté.
Le Dieu d'amour seul te fait Reine,
Tu dois ce titre à ta beauté.
Demain tu seras toujours belle,
Demain je ne serai plus Roi;
Accorde-moi demain, cruelle,
Ce qu'aujourd'hui je fais pour toi.

## LES ROIS.

*Air du vaudeville de Jean Monnet.*

Pour fêter les Rois on mange,
Pour fêter les Rois on boit :
Amis, que chacun s'arrange
Pour bien faire ce qu'il doit.
  Les bons Rois
   Étaient trois :
Loin de vouloir rien rabattre,
Moi je mange comme quatre,
Et comme quatre je bois.

Quoique le faste environne
Les Rois, leur trône et leur cour,
Je veux, si l'on me couronne,
Que ce soit pour un seul jour;
  Que ce soit
   Sous ce toit;
Vous ne me verrez prétendre
Au trône que pour entendre
Souvent dire : *Le Roi boit !*

Je suis un Roi bon apôtre;
Car, mes amis, entre nous,
Si le sort en nomme un autre,
Je ne m'en sens point jaloux;
Quel qu'il soit,
On me voit
Prosterné devant sa gloire;
Plus le Roi me verse à boire,
Plus je chante : *Le Roi boit!*

M. Armand GOUFFÉ.

# LA PHILOSOPHIE BACHIQUE.

Air : *Si le Roi m'avait donné.*

Bacchus, ami, vient d'ouvrir
   Une belle école,
Pour enseigner à loisir
   L'art de la parole.
De ce Dieu si consolant
Venez apprendre, en riant,
La philosophie, ô gai !
   La philosophie.

Pour ne pas nous ennuyer,
   Chacun sous la treille,
Au lieu d'un triste cahier,
   Tiendra sa bouteille.
Avec de tels argumens
Nous aurons en peu de temps
La philosophie, ô gai !
   La philosophie.

Aristote, en son jargon,
   Souvent déraisonne ;
S'il confiait sa raison
   Au Dieu de la tonne,

Son langage séducteur
Ferait germer dans le cœur
La philosophie, ô gai!
　　La philosophie.

De Descartes nous rions,
　Et de son systême :
Ma foi, dans ses tourbillons
　Chacun de nous l'aime
Je crois, quand il les a vus,
Qu'il faisait avec Bacchus
Sa philosophie, ô gai!
　　Sa philosophie.

Mallebranche s'est trompé
　Dans son gros volume :
Trouve-t-on la vérité
　Au bout de sa plume?
Dans le vin va la chercher;
C'est là qu'aime à se cacher
Ma philosophie, ô gai!
　　Ma philosophie.

# POUR LE JOUR DES ROIS.

(13) Air : *Je l'ai planté, je l'ai vu naître.*

Que Louis au sein de sa gloire
Tristement fête ce beau jour !
Amis, il m'est plus doux de boire
Entre les Grâces et l'Amour.

Avec l'ennui du rang suprême,
Majesté, porte ailleurs tes droits.
Non, ce n'est point le diadême,
C'est le bonheur qui fait les Rois.

Pour vos Rois l'huile sainte abonde ;
Mais le nôtre est Roi par le vin.
Soleil, qui t'enivres dans l'onde,
Respecte ce mortel divin.

Nuit, plus favorable à la terre,
Règne avec ce mortel heureux
Qui n'a de sceptre que son verre,
De gardes que les Ris, les Jeux.

Sa main nous verse l'allégresse :
Beaune, Pomard, coule à sa voix ;
Le cri d'une folâtre ivresse
Précède et compte ses exploits.

O qu'il est digne de l'Empire !
Que ses ordres ont de bonté !
« Mes sujets ! il faut boire et rire ;
Car telle est notre volonté ».

Que j'aime ses heureux ministres !
Ce sont les Grâces, c'est Momus ;
Point d'arrêts ni d'impôts sinistres :
Terrai ne peut rien chez Bacchus.

Loin de toute guerre funeste,
S'il combat, c'est le verre en main :
Lui-même lance un manifeste
Contre les ennemis du vin.

Oh ! pour un Roi quelle merveille !
Il voit la pure Vérité
Sortir de sa coupe vermeille,
Sous les traits de la Volupté.

Roi charmant, sa gloire est de plaire,
Et tout son bonheur d'être aimé ;
Mais ce Roi là ne se voit guère,
Si la fève ne l'a nommé.

Le Brun.

# LE ROI D'UN JOUR.

(4) Air : *Trouverez-vous un parlement ?*

Profitons de la royauté,
Puisque le sort m'est favorable;
Oh! vraiment je suis enchanté
De voir tous mes sujets à table.
Oui, je le dis avec orgueil,
Je ne suis pas un roi pour rire,
Puisque je vois d'un seul coup d'œil
Tout ce qu'on fait dans mon empire.

J'ai quelques heures à régner;
Je veux que mon siècle remarque
Que j'ai su ne rien épargner
Pour devenir un grand monarque.
Ainsi donc, que dans mes états
A la gaîté chacun se livre;
Car, si j'ai bien compté les plats,
Tout mon peuple aura de quoi vivre.

Je dois avouer, en passant,
Que mon cœur n'est pas sans faiblesse;
Le beau Sexe est bien séduisant,
Et comme un autre il m'intéresse.

Pour déranger de grands projets
L'Amour a souvent des recettes;
Ainsi, je crains, mes chers sujets,
D'être mené par mes sujettes.

Mais le jour est bien avancé,
Et sur mon destin je m'abuse;
Mon règne est à-peu-près passé
Depuis qu'à régner je m'amuse.
Le trône en vain m'a paru beau;
Sans nul regret je l'abandonne;
Amis, rendez-moi mon chapeau,
Il me va mieux qu'une couronne.

# A UN AMI,

CHEZ LEQUEL J'AVAIS ÉTÉ ROI DE LA FÈVE.

Air : *Vive le vin, vive l'amour !*

Le sort aujourd'hui me fait Roi;
Que ce titre est bien fait pour moi!
Pour sceptre en main je tiens un verre;
Mais en plus d'un point je diffère
De ceux dont j'occupe le rang;
Ici je trouve un ami sûr et franc,
Et les rois n'en connaissent guère.

Chantons mon bonheur en ce jour,
Il me vient des mains de l'Amour;
Mais c'est l'Amitié qui l'achève;
Du nouveau rang où l'on m'élève
Je sens tout le prix, croyez-moi;
Et lorsqu'on dit, être heureux comme un Roi,
On veut dire un Roi de la fève.

Toujours flattés, souvent haïs,
Accablés de gloire et d'ennuis,
Rois, le sort vous joue et vous brave:

Mais loin qu'il devienne une entrave,
Le sceptre a pour moi mille attraits,
Puisque je vois au rang de mes sujets
Celle dont chacun est l'esclave.

M. Damas.

## LE ROI DE LA FÈVE.

(16) Air : *Aussitôt que la lumière.*

Puisque le sort favorable
M'adjuge la royauté,
Je veux profiter à table
De ma souveraineté.
Songez à me satisfaire ;
De commander j'ai le droit ;
Sujets, remplissez mon verre,
Et criez tous : *Le Roi boit!*

M. L. Doré.

## COUPLETS

Chantés chez Madame \*\*\*, huit jours après les Rois.

(9) Air du *Confiteor*.

Peuples, célébrez les appas
D'une Reine aimable et jolie;
Elle rassemble à ce repas
Une cour brillante et polie;
Sans être Reine, en tous les temps,
Elle aura mille courtisans.

Dans tous ses traits l'Amour a mis
Les emblêmes de la puissance;
Ce sont les roses et les lys,
Armes de Cythère et de France;
Et couronné ses blonds cheveux
Du bandeau qui couvrait ses yeux.

Le Goût préside à ses atours;
Elle est tantôt Reine ou Bergère;
Elle a pour gardes les Amours;
Son étiquette est l'art de plaire :
Son royaume a duré huit jours;
Mais son empire est pour toujours.

Entre le plus joli des cous
Et la taille la plus légère,
Est un trône d'où son époux
Règne sur un double hémisphère;
Le plus heureux des potentats
N'a pas de plus charmants états.

Au grand couvert elle a prié
Les Grâces, les Jeux et Thalie,
Et Therpsicore et l'Amitié;
L'Amour s'est mis de la partie,
Car au soupé de la Beauté
L'Amour vient sans être invité.

De Rhulières.

# L'ABDICATION.

## A MADAME LE C***, REINE DE LA FÈVE,

Qui m'avait fait son Roi.

(4) Air : *Avec vous sous le même toit.*

Vous qui m'avez fait votre Roi,
Vous ne concevez pas ma peine;
Je ne puis surmonter l'effroi
De me voir enlever ma Reine.
Plus d'un monarque détrôné
De son sort accuse Bellonne;
Pour avoir le front couronné,
Je suis d'une pâte trop bonne.

Aux hommes, pour donner des lois,
Il faut être grand politique;
Et moi, vous le savez, par choix,
D'être très-simple je me pique.
Novice au grand art des combats,
Au bruit du tambour je frissonne;
Pour commander à des soldats,
Je suis d'une pâte trop bonne.

Comment pourrais-je résister
Au fardeau du pouvoir suprême ?...
Je préfère me désister
Et vous rendre le diadême.
De simple myrte à votre cour
Je me réserve une couronne;
Pour abdiquer celle d'Amour,
Je suis d'une pâte trop bonne.

M. F. Louis.

# LA CHANSON

## DE MAITRE ADAM (DE NEVERS).

(16) Air : *Aussitôt que la lumière.*

De tous les Dieux que la fable
A mis dans son Panthéon,
Il n'en est qu'un véritable,
Qui soit digne de ce nom;
C'est Bacchus que je veux dire;
Car des autres immortels
Je crois qu'un buveur peut rire,
Même au pied de leurs autels.

Aussitôt que la lumière
A redoré nos côteaux,
Je commence ma carrière
Par visiter mes tonneaux.
Ravi de revoir l'Aurore,
Le verre en main je lui dis :
« Vois-tu sur la rive more
Plus qu'à mon nez de rubis » ?

Le plus grand Roi de la terre,
Quand je suis dans un repas,
S'il me déclarait la guerre,
Ne m'épouvanterait pas :
A table rien ne m'étonne,
Et je pense quand je bois,
Si là-haut Jupiter tonne,
Que c'est qu'il a peur de moi.

Si quelque jour étant ivre,
La Mort arrêtait mes pas,
Je ne voudrais pas revivre
Pour changer ce doux trépas :
Je m'en irais dans l'Averne
Faire enivrer Alecton
Et bâtir une taverne
Dans le manoir de Pluton.

Par ce nectar délectable
Les démons étant vaincus,
Je ferais chanter au Diable
Les louanges de Bacchus.
J'apaiserais de Tantale
La grande altération,
Et, passant l'onde infernale,
Je ferais boire Ixion.

Au bout de ma quarantaine
Cent ivrognes m'ont promis
De venir, la tasse pleine,
Au gîte où l'on m'aura mis :
Pour me faire une hécatombe
Qui signale mon destin,
Ils arroseront ma tombe
De plus de cent brocs de vins.

De marbre ni de porphyre
Qu'on ne fasse mon tombeau ;
Pour cercueil je ne désire
Que le contour d'un tonneau ;
Et veux qu'on peigne ma trogne
Avec ces vers à l'entour :
*Ci-gît le plus grand ivrogne*
*Qui jamais ait vu le jour.*

## LES COMPTES.

(13) Air : *Je l'ai planté, je l'ai vu naître.*

Pour charmer le cours de la vie,
Il faut aimer, boire, chanter,
Et dans les bras de la Folie
Couler ses jours sans les compter.

A quoi sert de compter sans cesse
Les ans que l'on passe ici-bas ?
Hier n'est plus, le présent cesse,
Et l'avenir ne compte pas ?

Sans songer à ce qu'il en coûte,
De tous les biens sachons jouir :
Comptons nos plaisirs sur la route,
Sans compter avec le Plaisir.

Laissons l'avare sec et blême,
En bâillant compter ses écus ;
Tandis qu'il compte avec Barême,
Comptons gaîment avec Momus.

Sur la fidélité des Belles
Comme on ne peut guère compter,
Par des à-comptes, envers elles,
Soyons prêts à nous acquitter.

   M. Maurice Baude (de Montpellier).

# LES VINGT RAISONS.

Il faut boire pour vingt raisons.
*Primò*, lorsque les vins sont bons,
    Buvons, buvons;
Pour apaiser la soif présente,
Pour prévenir la soif absente,
Lorsqu'un ami survient, buvons,
    Buvons.
Il faut boire pour vingt raisons.

Il faut boire pour vingt raisons.
Chez nous les hivers sont si longs,
    Buvons, buvons;
Qu'il pleuve, qu'il vente, qu'il neige,
Qu'août de ses feux nous assiège,
Sous la treille ou près des tisons,
    Buvons.
Il faut boire pour vingt raisons.

Il faut boire pour vingt raisons.
A nos amis, à nos tendrons,
    Buvons, buvons;
Pour occuper notre jeunesse,

Pour égayer notre vieillesse,
Malades, bien portans, buvons,
    Buvons.
Il faut boire pour vingt raisons.

Il faut boire pour vingt raisons.
La Fortune nous rit, buvons,
    Buvons, buvons;
Nous pourrons fixer la Déesse ;
Mais si, par hasard, la traîtresse
Vient à nous montrer les talons,
    Buvons.
Il faut boire pour vingt raisons.

Il faut boire pour vingt raisons.
La dernière nous la tairons ;
    Buvons, buvons;
Afin que chacun à sa guise
L'interprète et s'en autorise
Dans toutes les occasions,
    Buvons.
Il faut boire pour vingt raisons.

M. Touzet.

# CHANSON DE TABLE.

(4) Air : *J'aime la force dans le vin.*

Je ne suis plus jeune, et l'Amour
Aujourd'hui me sourit à peine;
Mais à Bacchus je fais la cour;
C'est lui qui réchauffe ma veine.
Docte Apollon, je n'irai pas
Puiser à ta froide fontaine :
Du Dieu du vin suivant les pas,
Ma bouteille est mon Hippocrène.

Chaque vin a sa qualité
Dont se nuance mon génie :
Du Bordeaux le doux velouté
Me donne une grâce infinie;
Le Lunel dicte le couplet,
Qu'aime à répéter une Belle;
Et l'Aï m'inspire le trait
Qui jaillit comme une étincelle.

Pourtant il faut dans un repas,
Jusqu'à certain point, être sobre;
O mes amis! ne noyons pas
La Raison dans le jus d'octobre!

Mais une teinte d'incarnat
La rend plus vive et plus jolie ;
Elle a mille fois plus d'éclat
Lorsqu'auprès d'elle est la Folie.

Entre elles deux, sans faire un choix,
Il faut, je crois, qu'on se partage :
Caton était fou quelquefois,
Horace souvent était sage.
Que rien ne soit hors de saison,
C'est le vrai secret d'être aimable :
La folie est par fois raison ;
La raison est folie à table.

M. Ph. DE PAS....

# ÉLOGE

## DU VIN DE BOURGOGNE.

(16) Air : *Aussitôt que la lumière.*

Si j'en crois le Dieu du Pinde,
Que son frère consulta,
Bacchus en partant pour l'Inde,
En Bourgogne s'arrêta.
Il prit le cep le plus digne
D'être offert au genre humain;
A Beaune, par grâce insigne,
Il le planta de sa main.

Nuits, Volney, la Romanée,
Partagèrent ses faveurs;
La plus belle destinée
Sourit à nos vendangeurs.
Au cep un Dieu donna l'être,
Le cep est un vrai trésor;
La côte qui le vit naître,
Se nomme *la Côte-d'or*.

A Bacchus restaient encore
Plusieurs autres plants de choix;
Ce Dieu, que la France honore,
En fit présent aux Rhémois.
Rhémois, chantez ses louanges;
Mais songez que nos côteaux
Ont du père des vendanges
Reçu les premiers cadeaux.

Suppôt de la maladie,
Votre Aï trouble les sens,
Tandis qu'aux autels d'Hygie
Le Chambol tient lieu d'encens.
La Champagne se trémousse,
Un fol espoir la séduit....
Mon Dieu! pour un peu de mousse
Faut-il faire tant de bruit?

Elle se vante à l'Europe,
Autant que de son Pierry,
De l'inimitable Ésope
Qu'enfanta Château-Thierry.
A cette gloire, sans peine,
Je souscrirai toutefois;
Mais pour un seul La Fontaine,
Quel nombre de Champenois!

Combien d'hommes de génie,
Grâce au nectar Bourguignon,
Ont de la côte chérie
Fait un nouvel Hélicon !
Gloire à nos grappes vermeilles !
Plus d'un auteur transporté,
Sut au fond de nos bouteilles
Puiser l'immortalité.

Qui fit la *Métromanie ?*
Un fils de la Côte d'or.
Qui sut peindre Zénobie ?
C'est un Dijonnais encor.
Pourquoi leur esprit sublime
Triomphe-t-il du destin ?
Ils arrosaient chaque rime
D'un verre de Chambertin.

De pétiller dans un verre
Le Champagne s'applaudit ;
Petit prodige éphémère,
Le Champagne est tout esprit.
Ce fait, aucun ne le nie ;
Un autre fait sans appel,
Le Bourgogne est tout génie ;
Le génie est immortel.

Proscrirons-nous le Champagne ?
Non ; qu'il couronne un festin ;
Du jus de notre montagne
Qu'il partage le destin.
L'homme qui suit la sagesse,
Offre, avec un goût exquis,
Le Champagne à sa maîtresse,
Le Bourgogne à ses amis.

M. Julien PAILLET ( de Plombières ).

## LE SACRIFICE BACHIQUE.

(6) Air du vaudeville de l'*Avare et son Ami*.

Pour que les Dieux nous soient propices,
Suivons l'exemple des Romains ;
Aux Dieux offrons des sacrifices,
Et nos succès seront certains.
A Bacchus, au bon vieux Silène,
Moi, je sacrifie en ce jour,
Tous nos petits vins d'al'entour
Et toutes les eaux de la Seine.

M. FESSIN.

# LE VIN DE CHAMPAGNE.

(15) Air du *Pas redoublé*.

Il part! il fuit à pas pressés,
  En mousse pétillante!
Voilà mon verre, allons, versez;
  Car il faut que je chante.
De mes soins Bacchus est l'objet;
  Versez donc sans attendre;
Remplissez-moi de mon sujet,
  Si vous voulez m'entendre.

O vin d'Aï! digne des Dieux!
  Honneur de la Champagne!
Père des ris, source des jeux,
  Le bonheur t'accompagne.
Quel festin aurait des attraits,
  Sans toi, sans ta présence?
Vin mousseux, c'est quand tu parais
  Que la fête commence.

Quand le bouchon, débarrassé
  Du fil qui le captive,
Vole avec bruit au loin chassé
  Par la liqueur active;

Je crois, dans les brillans accès
    D'une aimable folie,
Voir jaillir d'un cerveau français
    L'éclair de la saillie.

Sombre Anglais, ce nectar flatteur
    Calme ton humeur noire;
Suspens donc, suspens ta fureur;
    Fais la paix pour en boire.
Amis de Londre et de Paris,
    Que Bacchus les rallie!
Bacchus en sait autant qu'*Harris* *;
    Qu'il nous réconcilie!

Ami *Juliet* **, rapporte-moi
    De ce jus délectable,
Gai comme nous, franc comme toi,
    Le charme de la table.
Nous, chers amis, de ce vin frais
    Buvons tous à plein verre;
Buvons aux Arts, fils de la Paix,
    Et surtout à leur mère.

                            M. Desprez.

* Le même que le lord Malmesbury. Il était alors à Paris.
** Acteur, qui était alors restaurateur.

## IMITATION D'HORACE.

(5) Air : *Du serin qui te fait envie.*

Aimable fille de la treille,
Doux charme de l'oisiveté,
Fidèle ami, chère Bouteille,
Viens, amène la Volupté.
Que dans l'ardeur de ton délire,
Nos jours passent comme un instant !
Obéis au son de ma lyre;
Hâte-toi, Messalla t'attend.

Ne crains pas son air de rudesse,
Formé sur de dures leçons :
La voix qu'inspire la Sagesse
Ne dédaigne pas tes chansons.
Souvent cette morale austère
Dont Caton voulut s'étayer,
Célébrant ton joyeux mystère,
Avec toi daigna s'égayer.

Par une douce violence
Tu commandes à nos humeurs;
Tu forces la haine au silence,
Tu sais t'assujétir nos mœurs.

Tu dérides le front du sage,
Sous ta douce ivresse abattu;
Et tu sers le libertinage,
Sans effaroucher la vertu.

Le voile de la politique
Tombe sous tes premiers efforts;
De sa plus secrette pratique
Tu découvres tous les ressorts.
Par toi le pauvre qu'on opprime
Perd un douloureux souvenir,
Et, dans le transport qui l'anime,
Ne voit qu'un heureux avenir.

Viens, et que les Grâces badines,
Qui ne t'abandonnent jamais,
Des plaisirs que tu nous destines
Redoublent encor les attraits.
A la lueur de cent bougies,
Rivales de l'astre du jour,
Nous célébrerons tes orgies,
Sans songer même à son retour.

Le Duc de Nivernois.

## LE DESSERT.

Air : *En revenant de Bâle en Suisse.*

Disparaissez, on vous l'ordonne,
Rôtis pompeux, fins entremets !
Ici Bacchus, Flore et Pomone
Doivent seuls régner désormais :
   On rit, on babille,
   Le cœur est ouvert,
   Et la gaîté brille
   Au moment du dessert.

Voyez, quand un dîné commence,
Souvent on ne se connaît pas ;
Mais sans peine on fait connaissance ;
Et quand vient la fin du repas,
   On rit, on babille,
   Le cœur est ouvert ;
   On est en famille
   Au moment du dessert.

A raisonner chacun s'applique,
Tous ensemble, et non tour-à-tour ;
Tout haut, on parle politique,
Et tout bas, on parle d'amour.

On rit, on babille,
Le cœur est ouvert,
Et la gaîté brille
Au moment du dessert.

C'est du champagne qu'on apporte,
Chacun va dire sa chanson;
On chante juste ou faux, n'importe,
Le plaisir est à l'unisson;
   On rit, on babille,
   Le cœur est ouvert,
   Et la gaîté brille
   Au moment du dessert.

Voyez cette jeune innocente,
Buvant de l'eau, ne disant mot;
A ce vin mousseux qui la tente,
Elle cède, en boit, et bientôt
   Elle rit, babille,
   Son cœur est ouvert,
   Et sa gaîté brille
   Au moment du dessert.

Étrangère à la gourmandise,
Indifférente aux grands repas,
Lise d'un peu de friandise
En secret ne se défend pas :

Elle rit, babille,
Son cœur est ouvert;
Et sa gaîté brille
Au moment du dessert.

Dans un amoureux tête-à-tête,
Que cet instant est précieux !
Ah ! quelle ivresse ! ah ! quelle fête !
Qu'avec joie, en attendant mieux,
On rit, on babille !
Le cœur est ouvert,
Et la gaîté brille
Au moment du dessert.

Nous, qu'un joyeux délire excite,
Et dont Momus dicte les chants,
Mes bons amis, dînons bien vite;
Mais, au dessert, restons long-temps.
On rit, on babille,
Le cœur est ouvert,
Et la gaîté brille
Au moment du dessert.

M. RADET.

## A BACCHUS.

(13) Air : *Je l'ai planté, je l'ai vu naître.*

Bacchus, contre moi tout conspire,
Viens me consoler de mes maux ;
Je vois, au mépris de ma lyre,
Couronner d'indignes rivaux.

Tout me rend la vie importune,
Une volage me trahit :
J'eus peu de bien de la fortune,
L'injustice me le ravit.

Mon plus cher ami m'abandonne,
En vain j'implore son secours ;
Et la calomnie empoisonne
Le reste de mes tristes jours.

Bacchus, viens me verser à boire ;
Encor..... bon..... je suis soulagé.
Chaque coup m'ôte la mémoire
Des maux qui m'avaient affligé.

Verse encor.... je vois l'allégresse
Nager sur ce jus précieux....
Donne ... redouble.... ô douce ivresse !
J'ai plus de plaisir que les Dieux.

LAMOTTE.

# CHANSON BACHIQUE.

(15) Air : *Le curé de Pompone.*

Buvons ! disait Anacréon,
   Buvons ! disait Horace ;
Les Grecs, les Romains du bon ton
   Les suivaient à la trace ;
Mes amis, tant que nous boirons,
   Honorons leur mémoire ;
Fêtons dans ces lurons
     Les patrons
   De la chanson à boire.

Buvons ! disait ce Basselin,
   Père du Vaudeville ;
Son couplet bachique ou malin
   Bientôt courut la ville ;
Laissant chanter au Troubadour
   Et l'amour et la gloire,
Le plaisir, à son tour,
     Mit au jour
   Mille chansons à boire.

Buvons ! s'écriait à Nevers,
 Ce menuisier que j'aime ;
En buvant, il faisait ses vers,
 Il les chantait de même.
A ses coffres bien ou mal faits
 Il ne doit pas sa gloire ;
 Il doit, chez les Français,
  Ses succès
 A ses chansons à boire.

Buvons ! buvons, disait Collé,
 Et Gallet, son confrère,
Et Piron toujours accolé
 Aux vrais amis du verre ;
A leurs bons mots chacun sourit ;
 Or, la chose est notoire,
 Messieurs, ce qui nourrit
  Leur esprit,
 C'est la chanson à boire.

Buvons ! disait le bon Pannard,
 En sablant le Champagne,
Entre le gracieux Favart
 Et sa vive compagne ;
Bon Pannard, on doit au dessert
 Entonner pour ta gloire,

A chaque vin qu'on sert,
Un concert
De tes chansons à boire.

Morgué, buvons ! disait Vadé
Aux gens de la Courtille ;
Et plus d'un broc était vidé
Par plus d'un joyeux drille.
De la fatigue et du chagrin
Garde-t-on la mémoire,
Au bruit du tambourin,
Du crin crin,
Et des chansons à boire ?

Buvons ! ce mot, ce joli mot
Finit bien des querelles ;
Par ce mot, certain dieu marmot
Soumet bien des rebelles ;
Et quand Nicolle fait du train,
Son tendre époux Grégoire
Prend, pour lui mettre un frein,
Le refrain
D'une chanson à boire.

Buvons ! buvons ! dit en latin,
Un chanoine en goguettes,

Sitôt qu'il voit le sacristain
　Apporter les burettes ;
*Potemus !* se chante au lutrin
　Ainsi qu'au réfectoire :
Rien n'est donc plus divin
　　Que le vin
　Et les chansons à boire.

Dans un caveau qu'on m'a vanté,
　Les auteurs, vos modèles,
A la bouteille, à la gaîté,
　Furent toujours fidèles.
Pour vous réchauffer le cerveau,
　Pour bannir l'humeur noire,
Essayons de nouveau
　　Du caveau,
　Et des chansons à boire.

M. Armand Gouffé.

## CHANSON DE TABLE.

Air : *Un chanoine de l'Auxerrois.*

A table j'aime les bons mots,
Les couplets, les joyeux propos,
　La bonne compagnie ;
A mon côté j'aime un tendron
Dont l'œil malin, vif et fripon,
　Provoque la saillie ;
J'aime encore du jus divin
A voir mon verre toujours plein ;
　　Car le bon vin
　　Bannit le chagrin
　　Et charme notre vie.

Voulez-vous vivre sans regret,
Amis, écoutez mon secret ;
　Il va vous faire envie :
Entre Bacchus et les Amours
Laissez couler gaîment vos jours ;
　Point de mélancolie.
Matin et soir, le verre en main,
Entonnez ce joyeux refrain :
　　Vive le vin !

Car ce jus divin
Embellit notre vie.

A la politique, aux procès,
Jamais je ne donne d'accès,
Le sérieux m'ennuie :
D'imiter ces graves censeurs
Qui de nos jours frondent les mœurs,
Je n'ai point la manie :
Je borne mon heureux destin
A pouvoir chanter ce refrain :
Vive le vin !
Car ce jus divin
Embellit notre vie.

J'ai vu les ennemis de près;
J'ai payé, comme un bon Français,
Ma dette à la Patrie;
De Mars j'ai quitté les combats,
J'en livre d'autres dans les bras
D'une bien tendre amie.
Par fois avec son air lutin
Elle chante aussi ce refrain :
Vive le vin !
Car ce jus divin
Embellit notre vie.

La Mort viendra me dire un jour :
« Il faut déloger à ton tour ;
   Ta carrière est remplie ».
Les amis qui me survivront,
Près de ma tombe chanteront,
   Au lieu de litanie :
« Ci-gît qui trouva dans le vin
Un remède au sombre chagrin :
      Le jus divin
      Fit jusqu'à la fin
   Le charme de sa vie ».

M. LABITTE.

## LE NOUVEAU NARCISSE.

(15) Air de *Joconde*.

Je suis un Narcisse nouveau
   Qui s'aime et qui s'admire ;
Dans le bon vin, et non dans l'eau,
   Je m'observe et me mire ;
Et quand je vois le coloris
   Qu'il donne à mon visage,
Aussitôt, de moi-même épris,
   J'avale mon image.

PANNARD.

## BON VIN ET FILLETTE.

Air : *Ma tante Urlurette.*

L'AMOUR, l'amitié, le vin
Vont égayer ce festin ;
Nargue de toute étiquette.
Turlurette, turlurette,
   Bon vin et fillette.

Sur un trône est-on heureux ?
On ne peut s'y placer deux ;
Mais vive table et couchette !
Turlurette, etc.

Que dans l'or nagent les grands ;
Il ne faut à deux amans
Qu'un seul verre, une assiette.
Turlurette, etc.

N'ayons de laurier ni d'or ;
Mais que nous puissions encor
Chanter dans cette chambrette :
Turlurette, turlurette,
   Bon vin et fillette.

M. BÉRENGER.

# VERSEZ TOUJOURS!

## RONDE BACHIQUE.

Air : *Ça ne dur'ra pas toujours.*

Vénus, sois favorable
Aux galans Troubadours!
Moi, pour chanter à table,
Au vin seul j'ai recours.
Versez! versez toujours!

Sans boire on ne peut rire,
Les sens sont froids et lourds;
Mais le bon vin inspire
Les plus piquans discours.
Versez! versez toujours!

Bien souvent on sommeille,
Juché sur le velours;
On est gai sous la treille,
Et c'est là que je cours.
Versez! versez toujours!

Le vin à la vieillesse
Procure de beaux jours;

Le vin à la tendresse
Offre un puissant secours.
Versez ! versez toujours !

Le vin tourne les têtes,
Ce sont là de ses tours ;
Cherchez-vous des conquêtes
Au pays des Amours ?
Versez ! versez toujours !

Sous un lin, nos coquettes
Cachent d'heureux contours ;
Mais Bacchus en goguettes
Chiffonne leurs atours
Versez ! versez toujours !

Propageons dans la ville,
Portons dans les faubourgs,
Ce refrain plus utile
Que tous les calembourgs
Versez ! versez toujours !

S'il choque la sagesse,
Moi je dis au rebours :
Il peint mieux l'allégresse
Que fifres et tambours !
Versez ! versez toujours !

Que l'on chante à la ronde,
De Paris jusqu'à Tours,
Et que l'on se réponde
De Tours jusqu'à Nemours :
Versez ! versez toujours !

Buvons jusqu'au délire,
Et marquons bien les tours ;
J'espère le mieux dire
Dans ce charmant concours :
Versez ! versez toujours !

Garçons, que l'on nous serve
Le nectar des Pandours !
Et que Dieu me préserve
De parler à des sourds !
Versez ! versez toujours !

Du Champagne, du Grave,
Et point de sots détours ;
Que l'on cherche à la cave,
Au grenier, dans les cours !
Versez ! versez toujours !

Le temps fuit et nous presse,
Nos dîners sont trop courts ;
De ma joyeuse ivresse

Ah! prolongez le cours!
Versez! versez toujours!
M. Armand GOUFFÉ.

## BOIRE ET DORMIR.

(2) Air : *A vos genoux, ô ma belle Eugénie.*

A tous les maux qu'ici-bas l'on endure,
Sommeil paisible est un baume divin;
Boire et dormir, voilà, je vous assure,
Les plus grands biens du pauvre genre humain.

Si, regrettant une amante parjure,
A votre cœur la raison parle en vain,
Buvez, amis, dormez sur la blessure,
On est guéri du soir au lendemain.

L'homme murmure au sein de l'indigence,
De son étoile il maudit la rigueur;
Ah! croyez-moi, ce n'est pas l'opulence,
C'est le repos qui donne le bonheur.

Que sert l'argent à l'avare qui veille,
Toujours tremblant auprès de son trésor?
L'or enterré ne vaut pas ma bouteille,
Quand je l'emplis pour la vider encor.

## LE CARILLON BACHIQUE.

Air : *Et zig et zig, et zig et zog, et fric et fric, et froc.*
(Richard Cœur-de-Lion).

Et tic, et tic, et tic, et toc, et tic, et tic, et toc ;
    De ce charmant tintin,
    Vive le son argentin.
    De la harpe enchanteresse,
    Du clavier qu'une main presse
    Le charme entraîne et séduit ;
    Mais, chers convives, je nie
    Qu'il existe une harmonie
    Plus touchante que ce bruit :
Et tic, et tic, et tic, etc.

    Le premier buveur d'eau claire
    Qui tira des sons du verre,
    Contre Bacchus forniqua ;
    Et pour moi qui ne m'éveille
    Qu'aux glous glous de la bouteille,
    Voici mon harmonica :
Et tic, et tic, et tic, etc.

C'est à tort que de sa lyre
Orphée exerça l'empire
Pour séduire Lucifer;
Ce seul bruit, rempli de charmes,
Eût attendri jusqu'aux larmes
Tous les diables de l'enfer.
Et tic, et tic, et tic, etc.

D'une sirène à la mode
Qu'on admire la méthode,
L'art et le goût infinis;
De deux verres en cadence
L'admirable discordance
Vaut trente *Catalanis.*
Et tic, et tic, et tic, etc.

Du Très-Haut les saints ministres
Avec leurs cloches sinistres,
Effarouchent les mortels;
Mais si l'heure des prières
S'annonçait au bruit des verres
Quelle affluence aux autels!
Et tic, et tic, et tic, etc.

Combien je t'aime, ô fougère!
Lorsque discrète et légère

Tu sers de trône aux plaisirs,
Ou quand, fragile et sonore,
Par le jus qui te colore
Tu ranimes nos désirs!
Et tic, et tic, et tic, etc.

Au choc redoublé du verre,
Le vieillard au front sévère,
Se déride, reverdit...
Et la belle qu'on adore
Paraît plus piquante encore
Quand avec elle on a dit :
Et tic, et tic, et tic, etc.

La peste soit du bélitre
Qui le premier de la vître
Fonda le maudit abus!...
Il nous ôte par fenêtre
Trente verres, que peut-être
Aujourd'hui nous aurions bus :
Et tic, et tic, et tic, etc.

Vingt juifs, que le diable emporte,
Sont consignés à ma porte,
Peut-être à la vôtre aussi...
Mais morbleu!... je me résigne,

Et leverai la consigne
Dès qu'ils sonneront ainsi :
Et tic, et tic, et tic, etc.

O vous, poissons, volatiles,
Quadrupèdes et reptiles,
Combien vous devez pester !...
Quand le hasard vous rassemble,
Vous avez beau boire ensemble,
Vous ne pouvez pas tinter ;
Et tic, et tic, et tic, etc.

Gloire au soldat intrépide
Qu'à l'honneur le tambour guide !
Mais je n'en suis pas jaloux :
*Rantanplan* répand l'alarme ;
Tic, tic, toc a plus de charme :
Or, mes amis, chantons tous :
Et tic, et tic, et tic, et toc, et tic, et tic et toc ;
De ce bachique tintin
Vive le son argentin.

M. Désaugiers.

## LE COUP DU MILIEU.

(5) Air : *J'ai vu partout dans mes voyages.*

Nos bons aïeux aimaient à boire ;
Que pouvons-nous faire de mieux ?
Versez, versez, je me fais gloire
De ressembler à mes aïeux.
Entre le Châblis, que j'honore,
Et l'Aï dont je fais mon dieu,
Savez-vous ce que j'aime encore ?
C'est le petit coup du milieu.

Je bois quand je me mets à table,
Et le vin m'ouvre l'appétit ;
Bientôt ce nectar délectable
Au dessert m'ouvrira l'esprit.
Si tu veux combler mon ivresse,
Viens, Amour, viens espiègle Dieu,
Pour trinquer avec ma maîtresse,
M'apprêter le coup du milieu.

Ce joli coup, chers camarades,
A pris naissance dans les cieux ;
Les dieux buvaient force rasades,
Buvaient enfin comme des dieux ;

Les Déesses, femmes discrètes,
Ne prenaient point goût à ce jeu;
Vénus, pour les mettre en goguettes,
Proposa le coup du milieu.

Aussitôt cet aimable usage
Par l'Amour nous fut apporté;
Chez nous son premier avantage
Fut d'apprivoiser la Beauté.
Le sexe, à Bacchus moins rebelle,
Lui rend hommage en temps et lieu;
Et l'on ne voit point une Belle
Refuser le coup du milieu.

Buvons à la paix, à la gloire;
Ce plaisir nous est bien permis;
Doublons les rasades pour boire
A la santé de nos amis.
De Momus disciples fidèles,
Buvons à Pannard, à Chaulieu;
Mais pour la santé de nos Belles
Réservons le coup du milieu.

M. Armand Gouffé.

## CHANSON DE TABLE.

Air : *Buvons à tirelarigo.*

Aimable gaîté du vieux temps,
Toi qu'on ne voit plus guères,
Viens nous rendre ces doux instans
Où tu charmais nos pères.
C'est au cabaret
Qu'était le secret
De leur joyeux système.
Ah ! pour être heureux
Comme nos aïeux,
Amis, buvons de même.

Que vois-je en nos cafés brillans ?
Une triste cohue,
Qui raisonne à perte de temps
Comme à perte de vue.
Point de jolis vins,
Point de ces refrains
Dont le sel nous réveille.
Le Dieu des bons mots,
Né parmi les pots,
Tient sa cour sous la treille.

Nos pères, comme nous, avaient
Du bruit dans leurs ménages;
Nos pères, comme nous, trouvaient
Des maîtresses volages.
Dans un cœur jaloux,
Le café chez nous
Du noir double la dose.
Chez eux on voyait,
Grâce au vin clairet,
Tout en couleur de rose.

D'où vient l'Anglais est-il chez soi
Si rêveur et si sombre?
Avec la Tamise pourquoi
Ses rendez-vous sans nombre?
Il est échauffé
De thé, de café,
De rhum, de rack, de bière;
Mais toujours les jeux,
Près d'un vin mousseux
Font flotter leur bannière.

En vain on dit que du bonheur
La sagesse est suivie:
Comparez le sage au buveur;
Qui des deux fait envie?

L'un rit, chante et boit;
A l'autre on ne voit
Qu'un air triste, un teint blême.
Ah! pour être heureux
Comme nos aïeux,
Amis, buvons de même.

# ÉLOGE DE BACCHUS.

Air : *Mon père était pot.*

Sans boire, en vain nous prétendons
Plaire au Dieu des vendanges;
Ce n'est qu'en usant de ses dons
Qu'on chante ses louanges.
Parmi tous les Dieux,
Qui mérite mieux,
Amis, qu'on le révère?
L'aimable Bacchus
Fait, par son doux jus,
Le bonheur de la terre.

Quand on veut perdre de ses maux
L'importune mémoire,
Ce ne sont pas les tristes eaux

Du Léthé qu'il faut boire:
Loin de nous guérir,
L'eau ne fait qu'aigrir
Le mal qui nous possède.
L'aimable Bacchus,
Dans son divin jus,
Offre un plus sûr remède.

Le soldat, dont cette liqueur
Échauffe le courage,
Cherche à signaler sa valeur
En volant au carnage :
Aussi nos guerriers
De tous leurs lauriers
Lui rapportent la gloire.
Aimable Bacchus,
A ton divin jus
Ils doivent la victoire.

Voyez Anacréon assis
A l'ombre d'une treille,
Chanter, parmi les jeux, les ris,
Clycère et sa bouteille ;
L'hiver de ses ans
A les agrémens
Dont brille la jeunesse :

Pour qui boit, Bacchus,
De ton divin jus,
Il n'est point de vieillesse.

Désirez-vous, par vos chansons,
Mériter que la Gloire
S'empresse de graver vos noms
Au temple de Mémoire ?
Pour les composer,
N'allez pas puiser
Dans la docte fontaine :
L'aimable Bacchus
Avec son doux jus
Fait plus que l'Hippocrène.

Aux plaisirs que l'on goûte aux cieux
Ne portons point envie ;
N'avons-nous pas, comme les Dieux,
Aussi notre ambroisie ?
Oui, cette liqueur
Procure un bonheur
Que jamais rien n'altère.
Aimable Bacchus,
Avec ton doux jus,
Le ciel est sur la terre.

## COUPLETS BACHIQUES.

(5) Air du *Ballet des Pierrots.*

Quand on a bu la tête tourne,
A jeun la tête tourne aussi;
A tout mortel la tête tourne,
Le sage nous le dit ainsi.
Et moi, quand la tête me tourne,
Sans m'en inquiéter je dis :
Heureux dont la tête ne tourne
Qu'à table, au sein de ses amis!

Près de Philis la tête tourne;
Que je suis las de sa rigueur !
Grand Dieu du vin! qui les cœurs tourne,
Enivre-la de ta liqueur.
Elle en prend.... déjà son œil tourne,
Il tourne presque vers le mien;
Au vin pour peu qu'elle retourne,
L'affaire va tourner à bien.

# LA CRÉMAILLÈRE.

(14) Air de *la Croisée*.

Tous les sujets sont rebattus,
Et tous nos couplets se ressemblent;
Toujours les Grâces et Vénus
Au bout de nos vers se rassemblent;
Mais on n'a pas tout dit, je crois,
Puisque, sans être plagiaire,
Je puis, pour la première fois,
   Chanter la crémaillère.

Lorsque nos bons aïeux jadis
Transplantaient leurs foyers rustiques,
C'étaient toujours de vieux amis
Qui plaçaient leurs Dieux domestiques.
Chez nous on n'a point oublié
Cette coutume salutaire;
C'est encore ici l'Amitié
   Qui pend la crémaillère.

J'aime à voir de jeunes époux
Le lendemain du mariage,
Suivis des plaisirs les plus doux,
Entrer dans leur nouveau ménage;

L'Amitié réclame ses droits ;
L'Amour l'écarte avec mystère,
Et seul voudrait pouvoir cent fois
  Poser la crémaillère.

Long-temps le Bonheur et la Paix
Furent exilés de la France ;
Mais l'un et l'autre désormais
Vont y fixer leur résidence.
Heureuse Paix, dans ses foyers
Que notre jeunesse guerrière
Vienne avec toi, sous ses lauriers,
  Poser la crémaillère.

Ramène-nous à ton retour
Et la Justice et l'Abondance ;
Qu'enfin l'honnête homme à son tour
Goûte le repos et l'aisance ;
Qu'on paye à tous ce qu'on leur doit ;
Qu'oubliant enfin sa misère,
Le rentier puisse sous son toit
  Poser la crémaillère.

Accablé de ses longs malheurs,
Le Français ne savait plus rire :
Que la Gaîté, séchant ses pleurs,
Chez lui reprenne son empire ;

Et qu'elle revienne bientôt,
Dans le palais et la chaumière,
De Momus pendre le grelot
A chaque crémaillère.

GUICHARD.

# IMPROMPTU

Fait un jour où l'on pendait la Crémaillère chez Madame ***.

Air : *La bonne aventure, ô gai !*

COMME de vrais sans souci,
Donnons-nous carrière ;
Près des belles que voici,
Liberté plénière ;
Surtout point d'amant transi ;
Car il ne doit pendre ici
Que la crémaillère, ô gué !
Que la crémaillère.

## L'HEUREUSE FIN.

Folatrons, rions sans cesse;
Que le vin et la tendresse
Remplissent tous nos momens!
De myrte parons nos têtes,
Et ne composons nos fêtes
Que de buveurs et d'amans.

Quand je bois, l'âme ravie,
Je ne porte point envie
Aux trésors du plus grand roi;
Souvent j'ai vu sous la treille
Que Thémire et ma bouteille
Etaient encor trop pour moi.

S'il faut qu'à la sombre rive
Tôt ou tard chacun arrive,
Vivons exempts de chagrin;
Et que la parque inhumaine
Au tombeau ne nous entraîne
Qu'ivres d'amour et de vin.

Laujon.

# L'AMOUR VENDANGEUR.

Un jour l'enfant de Cythère,
Panier et serpette en main,
S'offrit à Bacchus pour faire
La cueillette de son vin.

Bacchus reconnaît le traître :
« Ah ! c'est vous, beau Vendangeur !
Je vais vous faire connaître
Comme on traite un imposteur.

« Vite, vite, qu'on le mette
Dans la hotte, l'étourdi ;
Qu'on le porte et qu'on le jette
Dans la cuve tout brandi.* »

La sentence s'exécute,
Et le pauvre Cupidon
Fut baigné, dans la minute,
Des pieds jusques au menton.

* Tout entier.

Il fuit enfin; mais il reste
Dans le vin dont il sortit,
Certaine vapeur funeste
Qui fait que l'on s'attendrit.

Ah! c'est de ce vin sans doute
Qu'Iris nous verse en ce jour;
Je n'en ai bu qu'une goutte,
Et mon cœur brûle d'amour.

PANNARD.

## IMPROMPTU

#### FAIT A UN SOUPER.

(5) Air : *Du serin qui te fait envie.*

NARGUE du temple de la Gloire,
Où l'on ne vit qu'après la mort!
Nargue des filles de Mémoire!
Leur ton et me glace et m'endort.
Ici, sans grimper sur leurs traces,
Nous allons trouver de plein pied,
Du bon vin servi par les Grâces
Dans le temple de l'Amitié.

# A DE JOLIES FEMMES,

DANS UN SOUPER.

Air : *Il faut aimer, c'est la loi de Cythère.*

O Mahomet! ton paradis des femmes
Est le séjour de la Félicité;
C'est le vrai bien qui convient à nos âmes :
Sans les Amours qu'est l'Immortalité?

Prés émaillés de mille fleurs nouvelles,
Vous le cédez à l'éclat de ces lieux;
Voilà les fleurs, les roses les plus belles;
Faut-il, hélas! n'en jouir que des yeux?

O Mahomet! ton paradis des femmes
Est le séjour de la Félicité;
C'est le vrai bien qui convient à nos âmes :
Sans les Amours qu'est l'Immortalité?

En contemplant le cercle de ces Dames,
Au rang des Dieux je me crois transporté;
L'émotion qui passe dans nos âmes,
Est le garant de leur divinité.

O Mahomet, ton paradis des femmes
Est le séjour de la Félicité;
C'est le vrai bien qui convient à nos âmes:
Sans les Amours qu'est l'Immortalité ?

Aimons, buvons, que notre sang bouillonne;
Tout agité par ce double transport,
Que chacun tombe aux pieds de sa Patronne,
Mais que l'Amour l'en relève d'abord.

O Mahomet! ton paradis des femmes
Est le séjour de la Félicité;
C'est le vrai bien qui convient à nos âmes:
Sans les Amours qu'est l'Immortalité ?

Quel changement dans tous tant que nous sommes,
Si vous cédez à l'ardeur de nos feux!
Vous ne voyez en ces lieux que des hommes;
Un peu d'amour, vous y verrez des Dieux.

O Mahomet! ton paradis des femmes
Est le séjour de la Félicité;
C'est le vrai bien qui convient à nos âmes:
Sans les Amours qu'est l'Immortalité ?

ROCHON DE CHABANNES.

## LES VENDANGEURS.

(18) Air : *Il pleut, il pleut, bergère.*

Dans la vigne à Claudine
Les vendangeurs y sont ;
On choisit à la mine
Ceux qui vendangeront :
Aux vendangeurs qui brillent
On y donne le pas ;
Les autres y grapillent,
Mais n'y vendangent pas.

Sur la fin de l'automne
Vint un joli vieillard :
« Si la vendange est bonne,
J'en veux avoir ma part » !
Cette prudente fille
Lui répondit tout bas :
« Vieux Vendangeur grapille,
Mais ne vendange pas ».

Aux vignes de Cythère,
Parmi les raisins doux,
Est mainte grappe amère ;
N'en cueillez pas pour vous :

Ce choix pour une fille
Est un grand embarras;
La plus sage grapille,
Mais ne vendange pas.

DUFRESNY.

## L'ORAGE.

Quel orage effrayant a glacé tous les cœurs!
Tout tremble autour de moi, tout frémit sur la terre.
Dans les airs enflammés le terrible Tonnerre
Redouble à chaque instant ses bruyantes fureurs.
Dans quel état affreux allez-vous me réduire!
    Justes Dieux! voulez-vous détruire
    Tout l'espoir des tristes buveurs?
    O Jupiter! calmez votre colère;
Bacchus, pour vous fléchir, se joint à nos accens:
Souvenez-vous, grand Dieu! que vous êtes son père
    Et que nous sommes ses enfans.

PANNARD.

# LES VINS.

(5) Air de la *Pipe de tabac*.

Le vin réjouit, il enflamme;
De l'homme on dit qu'il est l'ami;
Je vais le chanter, quoique femme,
Car nous devons l'aimer aussi :
Il endort un Argus qui veille,
Il réveille un amant qui dort;
Avec une vertu pareille,
A mes yeux peut-il avoir tort?

Pour peu que nous voulions en boire,
Le vin nous ouvre l'appétit;
Et s'il nous ôte la mémoire,
Souvent il nous ouvre l'esprit :
A nous aimer puisqu'il nous porte,
Il ouvre notre cœur au bien;
Il ouvre enfin plus d'une porte
A l'âge où l'on n'ouvre plus rien.

De tous les vins c'est au *Constance*
Que j'ai toujours donné le prix;
Il doit avoir la préférence,
Car il est rare en ce pays;

On en voit pourtant quelques pièces
Qu'épargnent encor nos amans;
Mais que leurs aimables Lucrèces
Ne laissent pas vieillir long-temps.

L'*Alicante*, dans une cave,
Pour les malades a du prix ;
Mais c'est surtout le vin de *Grave*
Qui donne du ton aux maris :
Si certain désir les travaille,
Pour se fortifier un peu,
Ils ont recours au vin de *Paille*
Qui leur communique son feu.

Pour l'été laissons le *Champagne*,
*Bordeaux*, *Bourgogne*, et cætera ;
Car ils font battre la campagne,
Qui n'est bonne qu'en ce temps-là ;
Mais puisque l'hiver nous rassemble,
Amis, avec moi chantez tous ;
Le vin que nous buvons ensemble,
Doit seul réunir tous nos goûts.

Madame PERRIER.

# LES AMANS BUVEURS.

(5) Air du vaudeville d'*Arlequin tout seul*.

Verrai-je disputer sans cesse
Les amans avec les buveurs,
Lorsque le Dieu de la tendresse
De Bacchus chérit les faveurs ?
Ah ! plutôt unissons leur gloire,
Ils y gagneront tous les deux ;
Lorsque l'on aime, on sait mieux boire ;
Lorsque l'on boit, on aime mieux.

Tant que Bacchus garda l'empire,
L'Amour ne fut point langoureux ;
Quand Bacchus venait lui sourire,
De l'Amour il doublait les feux ;
Oui, j'en atteste la mémoire
De nos respectables aïeux ;
Lorsque, etc.

Un buveur est plus agréable
Quand l'Amour lui dicte un refrain ;
Une Chloris est plus aimable
Quand elle a le verre à la main.
Mes amis, vous pouvez en croire
Un observateur curieux ;
Lorsque, etc.

Si Bacchus par son influence
Quelquefois excite au sommeil,
L'Amour par sa douce puissance
Hâte le moment du réveil;
Il ne perd rien de sa victoire,
Elle en est plus chère à ses yeux.
Lorsque, etc.

De Bacchus on doit fuir l'ivresse,
Comme les fureurs de l'Amour;
Une aimable délicatesse
Doit les modérer tour-à-tour;
Mais point de maxime illusoire,
Laissons-les s'arranger entre eux :
Lorsque, etc.

Sexe adoré, qui dans nos âmes
Lancez mille traits enchanteurs;
Préférez, couronnez, mesdames,
Amans gourmets, tendres buveurs :
Quand de mes goûts je fais l'histoire,
Je crois voir écrit dans vos yeux :
« Lorsque l'on aime, on sait mieux boire;
Lorsque l'on boit, on aime mieux ».

M. Raboteau.

# LE SYSTÊME DU MONDE.

Air du *menuet d'Exaudet*.

De ce vin
Le venin
Est extrême :
Je ne puis marcher : eh quoi!
J'irais de travers, moi!
Moi, la droiture même!

Décampons,
Echappons
A la glose;
Je sens faiblir mes genoux,
Et vite, asseyons-nous,
Pour cause.

Mais d'où vient ce trouble étrange?
De place à mes yeux tout change.
Je suis pris,
Je suis gris
Dans les formes.

Quel bond
Fait chaque maison!
Je vois danser en rond
Les ormes.
Un savant
Bien souvent
S'inquiète,
Et demande à son pareil
Qui tourne du soleil
Ou de notre planète ?

Sans sursis
J'éclaircis
Ce mystère ;
Car j'éprouve évidemment
Que c'est en ce moment
La terre.

M. DE PIIS.

# CHANSON MORALE.

(4) Air du vaudeville de la *Soirée orageuse.*

Rions, chantons, aimons, buvons,
En quatre points c'est ma morale :
Rions tant que nous le pouvons,
Afin d'avoir l'humeur égale.
L'esprit sombre que tout aigrit,
Tourmente ce qui l'environne ;
Et l'homme heureux qui toujours rit,
Ne fait jamais pleurer personne.

Souvent les plus graves leçons
Endorment tout un auditoire :
Mettons la morale en chansons,
Pour la graver dans la mémoire.
A ses vœux un chanteur, dit-on,
Rendit l'Enfer même docile :
Orphée a montré qu'un sermon
Ne vaut pas un bon vaudeville.

Quand Dieu noya le genre humain,
Il sauva Noé du naufrage,
Et dit en lui donnant du vin :
« Voilà ce que doit boire un sage ».

Buvons-en donc jusqu'au tombeau;
Car d'après l'arrêt d'un tel juge,
Tous les méchans sont buveurs d'eau;
C'est bien prouvé par le déluge.

Un cœur froid qui jamais n'aima,
Du Ciel déshonore l'ouvrage;
Et pour aimer Dieu nous forma,
Puisqu'il fit l'homme à son image.
Il faut aimer; c'est le vrai bien;
Suivons, amis, ces lois divines :
Aimons toujours notre prochain,
En commençant par nos voisines.

M. DE SÉGUR aîné.

# CHANSON BACHIQUE.

Air : *De tous les capucins du monde.*

De Bacchus la veine est glacée ;
Amis, la mode en est passée :
Moi, je veux la ressusciter ;
En deux mots voici mon histoire :
Je veux, si l'on me fait chanter,
Ne chanter que chansons à boire.

L'utile joint à l'agréable,
Je le trouve à chanter à table ;
Car je tiens du docteur Isoif,
Qui vaut bien le docteur Grégoire,
Que chanter fait naître la soif,
Et c'est la soif qui nous fait boire.

Triste vertu que l'abstinence !
Nous n'en avons point d'autre en France ;
Chez ces buveurs trop circonspects
Le pauvre Amour languit sans gloire ;
Cœurs et gosiers sont toujours secs ;
On sait aimer quand on sait boire.

Nos aïeux étaient véridiques,
Nous sommes faux et politiques;
De l'homme on ne voit plus sortir
Que mensonge et trahison noire :
Il aimerait moins à mentir
S'il aimait un peu plus à boire.

Après les travaux militaires,
Quand deux plénipotentiaires
Veulent voir la guerre finir,
Ils ont beau signer leur grimoire,
Cet accord ne saurait tenir;
Ils se quittent toujours sans boire.

Jadis par de saints hécatombes
Les Romains honoraient leurs tombes;
Dieu proscrivit ce culte vain;
Je n'ai pas de peine à le croire;
Leurs prêtres répandaient le vin,
Ne valait-il pas mieux le boire?

Dieu! quand viendra la fin du monde,
S'il faut que le Ciel nous inonde,
Fais que ce soit de flots de vin!
L'eau pure ternirait ta gloire;
Et si le monde meurt enfin,
Ne le fais pas mourir sans boire.

IMBERT.

# LE VIN ET LA VÉRITÉ.

(5) Air de la *Pipe de tabac.*

IN *vino véritas*, mes frères,
Nous dit un proverbe divin.
Dieu, pour nous faire aimer nos verres,
Mit la vérité dans le vin.
J'obéis à sa loi suprême ;
Comme buveur je suis cité :
On croit que c'est le vin que j'aime ;...
Mes amis, c'est la vérité.

On croit que la philosophie
N'a jamais troublé mes loisirs,
Et qu'à bien jouir de la vie
J'ai toujours borné mes désirs :
On dit, quand je cours sous la treille,
C'est le plaisir, c'est la gaîté
Qu'il va chercher dans la bouteille....
Mes amis, c'est la vérité.

On croit aussi que la tendresse
Fait quelquefois battre mon cœur ;
On croit qu'une jeune maîtresse
Est nécessaire à mon bonheur ;

Quand je trinque avec une Belle,
Chacun dit : « C'est la volupté;
C'est l'amour qu'il cherche auprès d'elle... »
Ah! Messieurs, c'est la vérité.

M. Armand GOUFFÉ.

## LE BON SYSTÈME.

Je suis Épicure
  Qui dit : « Du plaisir
    Jouir,
C'est de la nature
Combler le désir ».
Ce système aimable
Toujours me conduit
    Sans bruit,
Du lit à la table,
De la table au lit.

DUVERNY, chanteur aveugle.

# A UN CONVIVE ASTRONOME.

(13) Air : *Jupiter, prête-moi ta foudre.*

Ami, laisse rouler la terre
Autour de l'astre des saisons ;
Ris et bois : j'aime mieux ce verre
Que l'astrolabe des Newtons.

Qu'importe qu'au centre du monde
Le soleil fixe ses destins ;
Pourvu que sa chaleur féconde
Mûrisse toujours nos raisins.

Tout son plaisir, toute sa gloire,
C'est de colorer ce doux jus ;
La nôtre, ami, c'est de le boire ;
Boire, aimer, que faut-il de plus ?

Crois-moi, sous l'ombre de la treille
Goûte le charme des beaux jours :
Chaque heure, en fuyant, nous conseille
De ravir des momens si courts.

Et toi, lyre, aimable convive,
Qui sais plaire aux festins des Dieux,
Rends notre allégresse plus vive
Par tes accens mélodieux.

Qu'à tes sons la folle Ménade
Danse sous nos planes touffus,
Tandis qu'une vive Naïade
Rafraîchit l'urne de Bacchus.

Ainsi, mêlant avec adresse
Le doux myrte au pampre glacé,
Je respire une double ivresse
Sous leur feuillage entrelacé.

Si jamais l'envieux Saturne
Me jette un sinistre regard,
O Bacchus ! je veux dans ton urne
Enivrer ce maudit vieillard.

LE BRUN.

## LE BUVEUR PHILOSOPHE.

Laissez les sages de la Grèce,
Quittez les rêve-creux anglais;
Je tiens école de sagesse
D'après Horace et Rabelais.
Du vin qui cause son ivresse,
Horace chante les attraits;
L'autre, pour ne mourir jamais,
Nous prescrit de boire sans cesse.
Croyez-moi, buvons à longs traits,
O mes amis! et buvons frais.

Qu'est-ce que la foudre qui gronde?
Combien est-il d'astres aux cieux?
La terre n'est-elle plus ronde,
Comme l'ont cru nos bons aïeux?
Dans cette obscurité profonde,
Nos messieurs ont-ils de bons yeux?
Je n'en sais rien; mais le vin vieux
Est le point sur quoi je me fonde,
Croyez-moi, etc.

Oui, toute la philosophie
Est au fond d'un verre de vin;
Est-il souci que ne défie
Ce frère du nectar divin?
A la sombre mélancolie
Un raisonneur est trop enclin;
Mais auprès d'un flacon bien plein
La raison n'est qu'une folie.
Croyez-moi, etc.

Du monde le tableau nous fâche;
Les fripons y mènent les sots;
La vertu gémit sans relâche;
La foi, l'amitié sont des mots.
Au grand cœur on préfère un lâche,
Au bon esprit un esprit faux;
Réformerons-nous ces défauts?
Laissons aux Dieux faire leur tâche.
Croyez-moi, etc.

Héraclite toujours soupire
En contemplant cet univers;
Démocrite n'en fait que rire,
Il voit la médaille à l'envers.
Un siècle est méchant, l'autre pire;
Nos aïeux avaient leurs travers;

Nos neveux seront des pervers;
Tout dégénère et tout empire.
Croyez-moi, etc.

Du sort l'influence sinistre
Vous force-t-elle, ô mes amis,
D'essuyer des airs de ministre
Dans l'antichambre d'un commis?
Je sais bien que l'épreuve est triste;
Mais, pour consoler vos ennuis,
Prendrez-vous le chantre des Nuits *,
Ou Sénèque le moraliste?
Croyez-moi, etc.

O vous! que l'Amour désespère,
Amans trompés, amans jaloux,
Martyrs de la vieille Cythère,
S'il en est encor parmi vous....
Et vous aussi que je révère,
Pauvres maris, accourez tous;
Point de fureur, point de courroux,
Bacchus vous présente son verre.
Croyez-moi, buvons à longs traits,
O mes amis! et buvons frais.

M. François de Neufchateau.

* Young.

## L'ÉPICURIEN.

Air : *De tous les capucins du monde.*

Je ne suis né ni roi ni prince;
Je n'ai ni ville ni province,
Ni presque rien de ce qu'ils ont;
Mais je suis plus content peut-être;
Car, en n'étant pas ce qu'ils sont,
Je suis tout ce qu'ils veulent être.

En vain sans ma philosophie
L'homme, durant toute sa vie,
Biens sur biens accumulera;
Il faut, quoi qu'on en veuille dire,
Ne désirer que ce qu'on a,
Pour avoir tout ce qu'on désire.

Non, je ne veux pas de contrainte
Ni pour Philis, ni pour ma pinte;
Je ne veux vivre que pour moi.
Je suis élève d'Epicure;
Mon tempérament fait ma loi;
Je n'obéis qu'à la Nature.

PIRON.

# LE DÉLIRE BACHIQUE.

### Air des *Trembleurs*.

Mes amis, prêtez l'oreille :
Verse-moi, Dieu de la treille,
Ta liqueur douce et vermeille;
Apollon, garde ton eau :
C'est le bon vin qui m'inspire,
Il humecte mon délire,
Une bouteille est ma lyre,
Et mon Parnasse un tonneau.

Je ne connais qu'un grand homme,
Et c'est Noé qu'il se nomme;
A ce Saint, que mon cœur chôme,
J'ai juré dévotion;
Noé, dont l'humeur bénigne
Nous enrichit de la vigne,
Bien plus qu'un autre était digne
Du brevet d'invention.

La religion antique
Me semble assez poétique;
Mais elle est trop aquatique,
Et c'est un triste tableau :

De Jouvence et d'Hypocrène
J'aime fort peu la fontaine;
Je vois surtout avec peine
Tantale le bec dans l'eau.

Le Phlégéton redoutable
Et le Styx épouvantable
N'ont rien de fort délectable,
N'en déplaise à Jupiter;
Dans sa rigueur incroyable,
Le Destin impitoyable,
Pour qu'il soit plus effroyable,
A mis de l'eau dans l'enfer.

M. C. MILLEVOYE.

## COUPLET.

Vive le vin! vive l'Amour!
Amant et buveur tour-à-tour,
Je nargue la mélancolie;
Jamais les peines de la vie
Ne m'ont coûté quelques soupirs;
Avec l'Amour je les change en plaisirs,
Avec le vin je les oublie.

SÉDAINE.

# PLUS ON EST DE FOUS, PLUS ON RIT.

(5) Air : *Tenez, moi je suis un bonhomme.*

Des frelons bravant la piqûre,
Que j'aime à voir dans ce séjour
Le joyeux troupeau d'Epicure
Se recruter de jour en jour !
Francs buveurs, que Bacchus attire
Dans ces retraites qu'il chérit,
Avec nous venez boire et rire...
Plus on est de fous, plus on rit.

Ma règle est plus douce et plus prompte
Que les calculs de nos savans ;
C'est le verre en main que je compte
Mes vrais amis, les bons vivans :
Plus je bois, plus leur nombre augmente;
Et quand ma coupe se tarit,
Au lieu de quinze j'en vois trente !...
Plus on est de fous, plus on rit.

Si j'avais une salle pleine
Des vins choisis que nous sablons,
Et grande au moins comme la plaine
De Saint-Denis ou des Sablons,

Mon pinceau, trempé dans la lie,
Sur tous les murs aurait écrit :
« Entrez, enfans de la Folie...
Plus on est de fous, plus on rit.

» Entrez, soutiens de la Sagesse,
Apôtres de l'Humanité ;
Entrez, amis de la Richesse ;
Entrez, amans de la Beauté ;
Entrez, fillettes dégourdies,
Vieilles qui visez à l'esprit ;
Entrez, auteurs de tragédies...
Plus on est de fous, plus on rit ».

Puisque notre vie a des bornes,
Aux enfers un jour nous irons ;
Et malgré le Diable et ses cornes,
Aux enfers un jour nous rirons...
L'heureux espoir ! Que vous en semble ?...
Or, voici ce qui le nourrit :
Nous irons là-bas tous ensemble...
Plus on est de fous, plus on rit.

M. Armand Gouffé.

# LES TOASTS DE L'OLYMPE.

Un soir que réunis dans leur palais d'azur,
Les Dieux, la coupe en main, savouraient l'allégresse ;
Et que la jeune Hébé du nectar le plus pur
    Leur versait la riante ivresse ;

« Je bois, disait Vénus, à l'indomptable Mars :
Je bois, disait Junon, au maître du tonnerre ;
Et moi, disait Cybèle, en jetant ses regards
    Sur les maux dont gémit la Terre ;

» Je bois au favori de la sage Pallas,
Au héros qui du Nil soumit l'urne féconde,
Au rapide vainqueur des Alpes, de Mélas,
    Au pacificateur du monde.

» Et moi, disait Neptune, au généreux Lion,
Effroi des Léopards dont la rage conspire
Contre l'heureuse Paix que l'atroce Albion
    Ose exiler de mon empire.

» Oui, buvons, dit Pallas, à ce jeune guerrier ;
C'est Ulysse au conseil, au combat c'est Achille.
Il a conquis la Paix, et son vaste laurier
    En sera l'éternel asile ».

Jupiter joint sa coupe à la coupe des Dieux :
La douce Paix obtint son auguste sourire ;
Et Phœbus confia l'allégresse des cieux
  Aux divins accords de sa lyre.

LE BRUN.

## COUPLET.

L'Amour, en badinant, volait sur un pressoir ;
La couleur du nectar, son odeur, le charmèrent ;
Et, tenté d'en goûter, ce Dieu s'y laissa cheoir ;
Son carquois s'en remplit, ses traits s'en abreuvèrent ;
De là vient qu'aujourd'hui l'on voit tous les amans,
  Saisis d'une noble tendresse,
  Entre le vin et leur maîtresse
  Partager leurs plus doux momens.

VOISENON.

# CHANSON

FAITE POUR UN DÎNER DONNÉ A M. B. FRANKLIN.

Air : *Lampons, lampons, etc.*

Que l'Histoire sur l'airain
Grave le nom de Franklin ;
Pour moi, je veux à sa gloire
Faire une chanson à boire :
    Le verre en main,
Chantons notre Benjamin.

En politique il est grand,
A table, joyeux et franc ;
Tout en fondant un empire,
Vous le voyez boire et rire.
    Le verre en main, etc.

Comme un aigle audacieux,
Il a volé jusqu'aux cieux,
Et dérobé le tonnerre
Dont ils effrayaient la terre.
    Le verre en main, etc.

L'Américain indompté
Conserve sa liberté ;

Moitié de ce bel ouvrage
Est encor de notre Sage.
    Le verre en main, etc.

On ne combattit jamais
Pour de plus grands intérêts ;
Ils veulent l'indépendance,
Pour boire des vins de France.
    Le verre en main, etc.

L'Anglais sans humanité
Voulait les réduire au thé ;
Franklin fait à l'Amérique
Boire du vin catholique.
    Le verre en main, etc.

Ce n'est point mon sentiment
Qu'on fasse un débarquement ;
Que faire de l'Angleterre ?
On n'y boit que de la bière.
    Le verre en main, etc.

Ces Anglais sont grands esprits,
Profonds dans tous leurs écrits,
Ils savent ce que l'air pèse ;
Mais leur cuisine est mauvaise.
    Le verre en main, etc.

On les voit assez souvent
Se tuer de leur vivant.
Qu'y feront les moralistes ?
Faute de vin, ils sont tristes.
    Le verre en main, etc.

Puissions-nous dompter sur mer
Ce peuple jaloux et fier !
Mais après notre victoire
Nous leur apprendrons à boire.
    Le verre en main, etc.

## COUPLET.

(4) Air : *J'aime la force dans le vin*.

La maîtresse du cabaret
Se devine sans qu'on la peigne :
Le Dieu d'amour est son portrait,
La jeune Hébé lui sert d'enseigne.
Bacchus assis sur son tonneau,
La prend pour la fille de l'onde :
Même en ne versant que de l'eau,
Elle a l'art d'enivrer son monde.

BERNIS.

## MA PHILOSOPHIE.

(12) Air : *Nous sommes précepteurs d'amour.*

A quoi bon former tant de vœux
Pour les biens, les honneurs, la gloire ?
Veut-on vivre toujours heureux ?
Il faut toujours aimer et boire.

Avec le charmant Dieu du vin
Règne une éternelle allégresse ;
Le pouvoir de ce jus divin
L'inspire même à la vieillesse.

Plaignons celui qui n'est qu'amant ;
Et choisissons Bacchus pour maître :
On peut être heureux en aimant,
En buvant on est sûr de l'être.

M. le Duc DE NIVERNOIS.

# RONDE A DANSER.

Air : *V'là c'que c'est qu'd'aller au bois.*

MA mère aux vignes m'envoyit ;
Je n'sais comment ça se fit ;
En partant elle m'avait dit :
« Travaille, ma fille,
Vendange, grapille ».
Malgré moi Blaise m'amusit....
Je n'sais comment ça se fit.

Malgré moi Blaise m'amusit,
Je n'sais comment ça se fit :
Si poliment il m'abordit !
Travaille, ma fille,
Vendange, grapille ;
Que pour lui mon cœur s'attendrit :
Je n'sais comment ça se fit.

Que pour lui mon cœur s'attendrit ;
Je n'sais comment ça se fit :
Il prit ma main et la baisit :
Travaille, ma fille,

Vendange, grapille;
Mais ma vertu le repoussit....
Je n'sais comment ça se fit.

Mais ma vertu le repoussit;
Je n'sais comment ça se fit :
En le repoussant il glissit;
Travaille, ma fille,
Vendange, grapille;
Puis en tombant il m'entraînit....
Je n'sais comment ça se fit.

Puis en tombant il m'entraînit....
Je n'sais comment ça se fit
Que ni moi ni lui ne s'blessit :
Travaille, bon drille,
Vendange, grapille;
Stapendant le coup m'étourdit....
Je n'sais comment ça se fit.

Stapendant le coup m'étourdit;
Je n'sais comment ça se fit :
Un trait de bon vin me remit :
Travaille, bon drille,
Vendange, grapille;
Et tout-à-coup ça m'endormit....
Je n'sais comment ça se fit.

Et tout-à-coup ça m'endormit;
    Je n'sais comment ça se fit;
De mon sommeil il profitit :
        Travaille, bon drille,
        Vendange, grapille :
Pour tous les deux il vendangit....
    Je n'sais comment ça se fit.

Pour tous les deux il vendangit;
    Je n'sais comment ça se fit;
Si bien de sa serpe il agit,
        Travaille, bon drille,
        Vendange, grapille,
Que mon panier plein se trouvit :
    Je n'sais comment ça se fit.

DORNEVAL.

## TOUT PASSE.

(2) Air : *Un tendre amant veut-il dire qu'il aime.*

Tout passe, amis, tout passe sur la terre;
Ce sont du Ciel les ordres absolus.
Voyez ce vin qui brille dans mon verre,
Dans un instant vous ne le verrez plus.

PANNARD.

## TOUJOURS A BACCHUS ON BOIRA

(13) Air : *Jupiter, prête-moi ta foudre.*

Non, Bacchus, ta divine gloire
Jamais, jamais ne périra;
Plus on boit, plus on voudrait boire;
Toujours à Bacchus on boira.

De son doux jus qui nous enivre,
La couleur toujours charmera.
Sans boire, hélas! qui pourrait vivre?
Toujours à Bacchus on boira.

Le plaisir ici nous assemble,
Et dans peu nous rassemblera.
Mes amis, chantons tous ensemble:
Toujours à Bacchus on boira.

Un beau jour, sur l'autre rivage,
Mes amis, nous nous reverrons :
Le verre en main, sur cette plage
A Bacchus encor nous boirons.

M. FESSIN.

# L'AMOUR ET LE VIN.
## RONDE.

L'Age a su borner nos désirs
 Au vin vieux qui pétille;
Mais il est de plus doux plaisirs
 Pour une jeune fille;
Et son cœur dit pour refrain:
L'amour vaut mieux que le vin.
 Ah! le cœur à la danse!
  Un rigodon,
  Zig, zag, dondon,
 Le plaisir en cadence
 Vaut mieux que la raison.

A se passer de deux beaux yeux
 Un buveur met sa gloire;
Mais je défie un amoureux
 De se passer de boire;
Cela prouve qu'à son tour
Le vin vaut mieux que l'amour.
 Ah! le cœur à la danse!
  Un rigodon,
  Zig, zag, dondon,
 Le plaisir en cadence
 Vaut mieux que la raison.

L'amant, jaloux de son tendron,
　　L'enferme ou le surveille ;
Le buveur, toujours, sans façon,
　　Vous prête sa bouteille.
　J'en reviens à mon refrain ;
　L'amour vaut mieux que le vin.
　　Ah ! le cœur à la danse !
　　　Un rigodon,
　　　Zig, zag, dondon,
　　Le plaisir en cadence
　　Vaut mieux que la raison.

Aimer et boire sont vraiment
　　Deux choses nécessaires ;
Mais il faut suivre prudemment
　　L'exemple de nos pères.
　Il faut prendre tour-à-tour
　Peu de vin et peu d'amour.
　　Ah ! le cœur à la danse !
　　　Un rigodon,
　　　Zig, zag, dondon,
　　Le plaisir en cadence
　　Vaut mieux que la raison.

M. Forgeot.

# RONDE DE TABLE.

### Air du *Prévôt des Marchands*.

Messieurs, chantez tous avec moi
Celui qui donne ici la loi :
Quand il sert de ce jus d'automne,
Son plaisir dans ses yeux se voit;
Il est charmé quand il en donne,
Il est charmant quand il en boit.

Quand il sable un nectar si doux,
Et qu'il nous en fait boire à tous,
A ce plaisir il s'abandonne;
Il en fait prendre, il en reçoit.
Il est charmé quand il en donne,
Il est charmant quand il en boit.

Il verse de la même main
Ses bienfaits ainsi que son vin;
Et sa bonté tendre assaisonne
Les biens, le vin qu'on en reçoit.
Il est charmé quand il en donne,
Il est charmant quand il en boit.

Aux plaisirs de la table il joint
Ceux dont je fais mon second point;
Au cœur d'une jeune personne,
Par ce nectar il va tout droit.
Il est charmé quand il en donne,
Il est charmant quand il en boit.

Par un salut universel,
Célébrons ce charmant mortel;
De nous il est temps qu'il reçoive
Le bachique honneur qu'on lui doit.
Il est charmé que l'on en boive;
Il est charmant quand il en boit.

Collé.

# L'AMATEUR DU VIN.

(5) Air de la *Ronde d'Anacréon.*

Vainement de prétendus sages
Blâmeront le jus du raisin;
Moi, j'y trouve mille avantages :
Il dissipe le noir chagrin.
Toutes les fois que j'ai l'œil trouble,
Je suis au comble de mes vœux :
Amis, ma jouissance est double,
Au lieu d'un verre j'en vois deux.

J'éprouve un plaisir ineffable
En voyant bondir le bouchon,
Baigné par ce vin * délectable
Qui trouble si fort ma raison.
En admirant cette merveille,
De crainte on me voit tressaillir;
Je crois toujours de la bouteille
Voir toute la liqueur s'enfuir.

Si, comme un proverbe l'assure,
La Vérité gît dans le vin,

* Le Champagne.

Morbleu, je boirai, je le jure,
Tant que je la découvre enfin.
Ainsi, philosophes sévères,
Puisqu'elle a pour vous des appas,
Vous la trouverez dans vos verres ;
Buvez. *In vino veritas.*

Nul souci, nulle inquiétude
Ne viennent troubler mon cerveau ;
Boire, voilà ma seule étude,
Et je boirai jusqu'au tombeau.
Bacchus, exauce ma prière !
Que je puisse, dès mon réveil,
Faire à mon gré jaillir de terre
Vingt sources de ce jus vermeil !

Si la Seine, un jour rubiconde,
Coulait du Grave ou du Pomar,
J'irais sans cesse dans son onde
M'abreuver de ce doux nectar.
J'y finirais ma destinée,
Sans pourtant me plaindre du sort ;
Car je voudrais, cent fois l'année,
Mourir d'une aussi douce mort.

M. A. J. D. Deregnaucourt (de Douay).

## LES FEMMES A TABLE.

*Air du vaudeville d'Annette et Lubin.*

La gaîté d'un sexe aimable
Doublant l'attrait du plaisir,
A l'ivresse de la table
Joint l'ivresse du plaisir ;
Quand le vin tourne la tête,
L'Amour en a plus d'appas.
  Non, il n'est point de fête
  Où la Beauté n'est pas.

En parlant, plus d'une femme
Trahit ses tendres secrets ;
Et tout, jusqu'à l'épigramme,
Dans leur bouche a des attraits.
Leur babil, que rien n'arrête,
Mène à de plus doux ébats ;
  Non, il n'est point de fête
  Où la Beauté n'est pas.

Partager avec les Belles,
N'est-ce pas doubler son bien ?
Quand on se gêne pour elles,
Le cœur n'y perd jamais rien.

Au voisin le pied répète
Ce que l'œil a dit tout bas.
Non, il n'est point de fête
Où la Beauté n'est pas.

LAUJON.

## LE VIN DE SURÊNE.

Air : *Un chanoine de l'Auxerrois.*

Le Ciel même créa ce vin,
Et l'on méconnaîtrait en vain
Sa vertu souveraine :
Au goût il est vif et piquant ;
Il guérit, en moins d'un instant,
Vapeurs, goutte et migraine ;
S'il trouble par fois le cerveau,
La Seine baigne ce côteau ;
Bienfait nouveau !
Le ciel plaça l'eau
Près du vin de Surêne.

# COUPLETS ÉROTICO-BACHIQUES.

(5) Air : *J'ai vu partout dans mes voyages.*

Le verre en main, femme est aimable;
Comus, pour égayer sa cour,
Près d'elle fait asseoir à table
Le Dieu du vin, le Dieu d'amour.
Chacun disputant sa conquête,
L'enivre d'un poison flatteur;
Quand Bacchus a troublé la tête,
Bientôt l'Amour trouble le cœur.

Ce nectar que, suivant la Fable,
Hébé verse au cercle divin,
Nous dit assez que femme aimable
Ajoute aux charmes d'un festin.
Ainsi, quand la jeune Céphise
A nos banquets vient prendre part,
Toute chère nous semble exquise,
Tout vin nous semble du nectar.

Voyez cette femme charmante
Du Champagne agiter les flots,
Bientôt la liqueur pétillante
S'échappe avec mille bons mots.

Des convives le joyeux groupe
Réclame le nectar qui fuit.
C'est la Gaîté qui tient la coupe,
C'est le Plaisir qui la remplit.

M. OURRY.

## L'IVRESSE.

(5) Air de la *Pipe de tabac*.

Dans ce monde tout est ivresse :
L'homme en place est ivre d'encens ;
L'amant, ivre de sa maîtresse ;
L'auteur, ivre de ses talens ;
Le guerrier est ivre de gloire ;
Le poëte, ivre d'un vallon ;
On est ivre à force de boire ;
Chacun est ivre à sa façon.

## LE BANQUET.

(5) Air du *Petit Matelot*.

Que j'aime en un banquet splendide,
Tenir siége, entouré d'amis!
Sans cesse la Gaîté préside
Aux lieux où le couvert est mis.
Oui, les plaisirs des gastronomes,
Des amis sont les vrais liens;
Car rien ne rapproche les hommes
Autant que l'attrait des festins.

Protestons contre le régime
Qu'un corps voudrait accréditer;
Une aussi funeste maxime
Ne tend qu'à nous débiliter.
Aux médecins, veut-on m'en croire,
Amis, portons le coup fatal:
A nos santés constamment boire,
C'est les conduire à l'hôpital.

Sur nos bachiques catalogues
Gardons-nous surtout de coucher
Cidre, bière, et semblables drogues
Qui ne font jamais trébucher.

Et si quelqu'un par des mélanges
Ose profaner nos celliers,
Que Bacchus, au mois des vendanges,
Change ses vignes en pommiers!

Dès long-temps Adam nous l'atteste,
Les pommes ont porté malheur :
Pâris, pour ce fruit trop funeste,
Mit trois Déités en rumeur.
Ne dit-on pas, pour brouillerie,
Pomme de discorde, en français ?
Enfin, voyez en Normandie,
Que de pommes! que de procès!

Napoléon en Angleterre
Veut aller mettre le hola;
Mais les vins que mon cœur préfère,
Ne sont point de cette île-là.
A quoi donc peut servir la guerre ?
Puisque le gain de cent combats
N'est bien souvent qu'un coin de terre
Où les vignes ne viennent pas.

M. Edouard Foucaux.

# LE PLAISIR DES ROIS
## ET LE ROI DES PLAISIRS.

Sous des lambris où l'or éclate,
Fouler la pourpre et l'écarlate;
Sur un trône dicter des lois;
   C'est le plaisir des rois.
Sur la fougère et sur l'herbette,
Lire dans les yeux de Lisette
Qu'elle est sensible à nos désirs,
   C'est le roi des plaisirs.

Quelque part où l'on se transporte,
Être entouré d'une cohorte;
Voir des curieux jusqu'aux toits;
   C'est le plaisir des rois.
Quand on voyage avec Sylvie,
N'avoir pour toute compagnie
Que les Amours et les Zéphyrs,
   C'est le roi des plaisirs.

Agir et commander en maître;
Avec la poudre et le salpêtre
Fortement appuyer ses droits,
   C'est le plaisir des rois.

Quand le tendre Enfant nous couronne,
Tenir du cœur ce qu'on nous donne;
Ne rien devoir qu'à nos soupirs,
   C'est le roi des plaisirs.

Des plus beaux bijoux de l'Asie
Parer une Beauté chérie;
En charger sa tête et ses doigts,
   C'est le plaisir des rois.
Voir une petite fleurette
Toucher plus le cœur de Manette
Que perles, rubis et saphirs,
   C'est le roi des plaisirs.

Avec une meute bruyante
Remplir les forêts d'épouvante,
Réduire des cerfs aux abois,
   C'est le plaisir des rois.
Avec une troupe choisie,
Chasser à grands coups d'ambroisie
La douleur et les vains soupirs,
   C'est le roi des plaisirs.

Donner, dans une grande fête,
Des concerts à rompre la tête,
Où l'on entend mugir cent voix,
   C'est le plaisir des rois.

Dans un petit repas tranquille,
Par quelque gentil vaudeville
Du cœur exprimer les désirs,
 C'est le roi des plaisirs.

PANNARD.

## LES TROIS TEMPS.

*Air des Trembleurs.*

Temps passé ne se rattrape ;
Temps futur est une attrape ;
Temps présent toujours échappe ;
On le perd en y rêvant :
Comme il court bride abattue,
Fesons chanson impromptue ;
Tuons le temps qui nous tue,
En aimant, chantant, buvant.

M. J. E. DESPRÉAUX.

## COUPLETS

Chantés à un Repas que donnait chez lui M. PHLIP...

(4) Air : *Femmes, voulez-vous éprouver ?*

Pour moi ce beau jour est sans prix :
Qu'il m'est doux, qu'il m'est agréable,
Glorieux même, d'être admis
Dans un cercle si désirable !...
Oh ! que tu sais bien mériter
Nos affections les plus vives !
Sans erreur, oui, tu peux compter
Autant d'amis que de convives.

De cet antique et rare honneur
Se retrouve ici le modèle ;
Aux nobles sentimens du cœur
On s'y pique d'être fidèle.
Que sont les hommes d'aujourd'hui ?
Heureux ! sage ! qui les évite :
Partout, hélas ! on meurt d'ennui,
Et c'est ici qu'on ressuscite.

GUICHARD.

# LYRE ET DÉLIRE.

## HYMNE

CHANTÉ DANS UNE FÊTE.

(22) Air : *Bouton de rose.*

Charmante lyre,
Où l'Amitié grava mon nom :
Dieu ! quel transport divin m'inspire !
Oui, tu m'apportes d'Apollon
 L'heureux délire.

Divine lyre,
Couronne-toi d'un myrte heureux.
Du Dieu des vers je sens l'empire ;
Et des Muses, des Ris, des Jeux,
 L'heureux délire.

Brillante lyre,
Fille aimable du Dieu du jour,
Vénus, à mes chants va sourire ;
Je vais moduler de l'Amour
 Tendre délire.

Aimable lyre,
D'Anacréon peins-nous les jeux.
Sous mes doigts frémis et soupire ;
Rends-nous de ses vers amoureux
L'heureux délire.

Viens, ô ma lyre !
Pindare nous enlève aux cieux ;
Il tonne, il éclate, il m'inspire,
Dans ses transports audacieux,
Fougueux délire.

Brûlante lyre,
De Sapho conserve les pleurs ;
Peins-nous ses feux et son martyre ;
Porte avec eux dans tous les cœurs
Brûlant délire.

Ma voix expire.
Quel froid vient glacer mon esprit ?
De mes doigts s'échappe ma lyre.
J'entends la Raison qui me dit :
Point de délire.

Que son empire
A la Folie accorde un jour :

Reviens, reviens, volage lyre;
Nous allons la mettre à son tour
  Dans le délire.

Joyeuse lyre,
Noyons-la dans ce jus divin.
Que Bacchus un moment t'inspire.
Prenons avec la coupe en main
  Joyeux délire.

Madame Victoire BABOIS.

## AU SOLEIL.

(16) Air : *Aussitôt que la lumière.*

Toi qui roules dans l'espace,
Que l'Indien croit un Dieu,
Soleil! j'aime à voir ta face,
J'aime à ressentir ton feu;
Mais aimant à voir mon verre
Plein du jus de mes raisins,
A tes rayons je préfère
La chaleur de mes vieux vins.

J. H. (de Genève).

## CHANSON DE TABLE.

Air : *Mon père était pot.*

Puisque nous sommes réunis,
 Grâce au destin prospère,
Rappelons les Jeux et les Ris,
 Et faisons bonne chère :
  En dépit des ans,
  La table en tout temps
 Offre un plaisir durable ;
  Ainsi, mes amis,
  Je suis fort d'avis
Que nous restions à table.

Mais, surtout buvons à longs traits,
 Comme faisaient nos pères ;
Un vin léger, mousseux et frais
 Pétillait dans leurs verres :
  Jamais soucieux,
  Toujours radieux,
 Comme on était aimable !
  Du matin au soir,
  Il fallait les voir
Ne pas quitter la table.

Aujourd'hui, dans nos grands repas,
 On est sur le qui vive ;
On y mange, et l'on n'y boit pas ;
 Je suis meilleur convive :
  Qu'un bon vin d'Aï
  Nous rappelle ici
 Ce temps si regrettable,
  Où chacun buvait,
  Où chacun chantait
 Sa chansonnette à table.

Jadis nos aïeux, tour-à-tour,
 Un peu de vin en tête,
De Bacchus et du Dieu d'amour
 Célébraient mieux la fête ;
  A fêter Bacchus
  On ne songe plus,
 Par un oubli coupable ;
  Et pourtant sans lui,
  L'Amour aujourd'hui
 Bâille au lit comme à table.

Mes amis, il n'est point de maux
 Que le vin ne soulage ;
Plus d'ennemis, plus de rivaux,
 Plus de mauvais ménage :

Un seul coup de vin
Du Rhône ou du Rhin,
Rend l'homme plus traitable;
Nargue des soucis !
Convenons, amis,
Qu'on n'est heureux qu'à table.

M. Blanchard de la Musse.

## L'ESPRIT DANS LE VIN.

(2) Air des *Folies d'Espagne*.

Tout mon esprit, quand je ne suis point ivre,
Ne me fournit qu'un petit mot ou deux;
Mais quand j'ai bu, je parle comme un livre,
Et j'en dis plus cent fois que je ne veux.

A trop aimer, l'âme se déconcerte,
L'on perd l'esprit et la raison qu'on a;
Mais en buvant, elle est toujours alerte,
Et l'esprit vient quand la raison s'en va.

# LE PARADIS TERRESTRE.

Air : *Ne v'là-t-il pas que j'aime!*

Que l'on goûte ici de plaisirs !
  Où pourrions-nous mieux être ?
Tout y satisfait nos désirs,
  Et tout les fait renaître.

N'est-ce pas ici le jardin
  Où notre premier père
Trouvait sans cesse sous sa main
  De quoi se satisfaire ?

Ne sommes-nous pas encor mieux
  Qu'Adam dans son bocage ?
Il n'y voyait que deux beaux yeux ;
  J'en vois bien davantage.

Dans ce jardin délicieux
  On voit aussi des pommes
Faites pour charmer tous les yeux
  Et damner tous les hommes.

Amis, en voyant tant d'appas,
    Quels plaisirs sont les nôtres !
Sans le péché d'Adam, hélas !
    Nous en verrions bien d'autres.

Il n'eut qu'une femme avec lui,
    Encor c'était la sienne !
Je vois ici celles d'autrui,
    Et n'y vois pas la mienne.

Il buvait de l'eau tristement
    Auprès de sa compagne ;
Nous autres nous chantons gaîment,
    En sablant le Champagne.

Si l'on eût fait dans un repas
    Cette chère au bonhomme,
Le gourmand ne nous aurait pas
    Damnés pour une pomme.

Le Duc de Nivernois.

# L'AMPHYTRION.

(16) Air : *Que chacun de nous se livre.*

Mon cœur adore le maître
De ce festin enchanté;
Qui pourrait le méconnaître,
A sa douce majesté?
Ce n'est point le Dieu qui tonne,
Et dont l'éclat éblouit;
C'est Jupiter sous la tonne,
Qui boit, qui chante et jouit.

Hébé près d'elle me place;
Vénus me fait les yeux doux;
Ici Minerve m'agace
Et me sourit en dessous.
Je vois les Grâces en troupe
Folâtrer et finir par
Faire couler dans ma coupe
Le Champagne et le Pomar.

Les Rois se font-ils la guerre?
Nous l'ignorons dans ces lieux;
Le bonheur fait qu'on n'est guère
Importun ni curieux.

Dans l'asile du mystère,
Aimer, boire, et passer dix,
C'est le code salutaire
Des saints de ce Paradis.

Tout respire la concorde
Parmi nos Divinités ;
L'une à l'autre même accorde
Des éloges mérités.
Si, pour adjuger la pomme,
J'étais un autre Pâris,
Dieu d'Amour, je sais bien comme
Toutes gagneraient le prix.

M. D. S.

# LES BELLES.

(4) Air : *J'étais bon chasseur autrefois.*

Fils d'Épicure, il est certain
Qu'à notre titre peu fidèles,
Nous avons trop chanté le vin,
Et pas assez chanté les Belles.
Franc buveur, galant troubadour,
Il me faut bouteille et maîtresse :
Fêter Bacchus, fêter l'Amour,
C'est toujours être dans l'ivresse.

Hommes trop fiers de vos talens,
Toutes les Belles que l'on cite
Vous surpassent en agrémens
Et vous égalent en mérite;
L'illustre amante de Phaon,
Cédant à son triple délire,
Unissait, comme Anacréon,
Le myrte, le lierre et la lyre.

Chère au Dieu du sacré vallon,
Notre gentille Deshoulière
Parut à la cour d'Apollon
Sous l'humble habit d'une bergère;

Et, par un prodige nouveau,
Gardant toujours la foi promise,
Elle unit l'esprit de Sapho
A la constance d'Artémise.

Le Dieu du goût a désigné
Pour sa favorite fidèle
Cette piquante Sévigné,
Sans rivaux comme sans modèle;
D'un style aimable et familier
Quand elle écrivait maint volume,
Momus lui tenait l'encrier,
Et les Grâces taillaient sa plume.

Ninon, jusques à son déclin,
Des sots méprisant l'apostrophe,
Sous les dehors d'un libertin
Cachait l'âme d'un philosophe:
Toujours infidelle aux amans,
En amitié jamais frivole,
Elle manquait à ses sermens;
Mais elle tenait sa parole.

Du feu dont Pétrarque a brûlé
Laure fut l'heureuse origine;
On assure qu'à Champmêlé
Nous devons les vers de Racine;

Et la Grèce, qu'à surpasser
En vain la France s'étudie,
A vu Socrate s'élancer
Du galant boudoir d'Aspasie.

Objets charmans, vos seuls regards
Electrisent, par leur magie,
Les vaillans favoris de Mars
Et les amans de Polymnie.
Oui, les auteurs et les guerriers
Dont les Amours plaident la cause,
Moissonneraient moins de lauriers
Si vous n'y mêliez pas la rose.

M. Moreau.

## POUR VOIR TOUT EN BEAU.

(24) Air de *Lantara*.

A jeun, je suis trop philosophe;
Le monde me fait peine à voir;
Je ne rêve que catastrophe;
A mes yeux tout se peint en noir.
Mais, quand j'ai bu, tout change de figure:
La riante couleur du vin
Prête son charme à toute la nature,
Et j'aime tout le genre humain.

## CHANSON DE TABLE.

(15) Air : *Le curé de Pompone a dit.*

Depuis cinquante ans que je bois,
  Je me porte à merveille;
Qu'on en juge par mon minois,
  Est-il rose pareille ?
Je me ris de tout médecin,
  Et de son savoir faire;
Ma tisane, à moi, c'est du vin :
  J'en fais mon ordinaire.

Nous chantons Bacchus et l'Amour,
  Dans nos transports d'ivresse;
Nous leur exprimons, tour-à-tour,
  Notre vive tendresse;
Par des libations sans fin,
  Nous célébrons leur gloire;
Et nous jurons, le verre en main,
  Et d'aimer et de boire.

M. GUILLIER-DE-MONTCHAMOY (de la N....

# LE VIN DE TONNERRE.

Air : *Mon père était pot.*

Loin d'ici le docte Apollon,
   Et ses Muses rebelles !
Buveur d'eau, va sur l'Hélicon
   T'enflammer auprès d'elles !
     Pour chanter le vin,
     Ce nectar divin,
   Cher enfant de la treille,
     Je suis inspiré
     Quand j'ai savouré
   Une bonne bouteille.

Doux jus, qui donnes tant d'attraits
   A ce flacon que j'aime,
Où puises-tu, pour tes bienfaits,
   Ta qualité suprême ?
     Viens-tu des côteaux
     De Nuits, de Bordeaux,
   D'Espagne ou de Madère ?
     Viens-tu de Tokay,
     D'Aï, d'Epernay ?
   Non... tu nais à Tonnerre.

J'estime tous les vins fameux;
Chacun a son mérite;
A des précautions contre eux
Pourtant je vous invite.
Dans un grand festin,
On peut, sur la fin,
En boire un petit verre;
Mais précédemment
Buvez largement
Du bon vin de Tonnerre.

Approuvez ce prudent avis,
Docteurs en médecine;
On trouve dans ce jus exquis
Une vertu divine.
Oui, jus enchanteur,
Par ta douce odeur
L'âme se sent ravie;
Et lorsqu'on te boit,
Notre corps reçoit
L'élixir de la vie.

# LES PRODIGES DE LA TABLE.

Air : *La vie est comme un jardin.*

Sans amour, sans appétit,
Un dîneur se met à table;
Bientôt, petit à petit,
Notre homme devient un diable.
Par un prodige admirable,
Appétit, désirs brûlans,
Près d'une voisine aimable,
Tout ça pousse en même temps.

Moi, je suis un vrai gourmand,
Et j'en fais l'aveu sincère;
J'ai l'estomac complaisant,
Et sans peine je digère.
J'aime à faire bonne chère:
Pâtés, perdrix, ortolans,
Poulardes, pommes de terre,
Tout ça passe en même temps.

Au dessert on boit, on rit,
On s'explique sans mystère,
Et chacun montre l'esprit
Qu'il trouve au fond de son verre.

La sœur, le cousin, le frère,
Les filles et les mamans,
Le jeune homme et le grand-père,
Tout ça jase en même temps.

D'Églé j'aime la fraîcheur,
De Rosette la finesse,
D'Angélique le bon cœur
Et la grâce enchanteresse ;
Ces dons qu'on vante sans cesse
Dans vingt tendrons différens,
Mes amis, chez notre hôtesse
Tout ça brille en même temps.

M. JOSEPH.

## AUX DIFFÉRENS VINS.

Air du vaudeville des *Deux Edmond*.

Vins de Surêne, vins de Brie,
Vins de Beauce, de Normandie,
Vins du cru, toujours aigre-doux,
  Déguisez-vous.
Vins de Bordeaux, vins de Champagne,
Vins de Bourgogne, vins d'Espagne,
Vins forts, vins fins, vins délicats,
  Ne vous déguisez pas.

# MAXIME D'HYPPOCRATE.

Je cherche en vain la vérité,
Si le vin n'aide à ma faiblesse :
Toute la docte antiquité
Dans le vin puisa la sagesse ;
Oui, c'est par le bon vin que le bon sens éclate ;
J'en atteste Hyppocrate,
Qui dit qu'il faut à chaque mois
S'enivrer au moins une fois.

Socrate, cet homme discret,
Que toute la terre révère,
Allait manger au cabaret
Quand sa femme était en colère :
Pouvons-nous faire mieux que d'imiter Socrate,
Et de suivre Hyppocrate,
Qui dit, etc.

Platon fut surnommé divin,
Parce qu'il était magnifique,
Et qu'il régalait de son vin
La cabale philosophique.

Sa table fut toujours splendide et délicate ;
  Il suivit Hyppocrate,
    Qui dit, etc.

Aristote buvait autant,
Et nous avons lieu de le croire,
De ce qu'Alexandre-le-Grand,
Son disciple, aimait tant à boire,
Qu'il s'enivra cent fois sur les bords de l'Euphrate,
  En suivant Hyppocrate,
    Qui dit, etc.

Diogène aimait, dit-on, l'eau ;
Mais il n'eut point cette folie ;
Il se logea dans un tonneau
Pour flairer le goût de la lie :
Puis pour mieux boire au pot, il laissa là sa jatte,
  Et tint pour Hyppocrate,
    Qui dit, etc.

Héraclite toujours pleurait,
A ce que raconte l'histoire ;
Mais c'est que le vin lui sortait
Par les yeux, à force de boire ;
Par ce remède seul il guérissait sa rate,
  Comme ordonne Hyppocrate,
    Qui dit, etc.

Démocrite, ce grand railleur,
Qui se plut tant à la satire,
S'il n'avait pas été buveur,
N'eût pas aimé si fort à rire.
Le vin nous sait toujours désopiler la rate;
Suivons donc Hyppocrate,
Qui dit, etc.

Les médecins sont des rêveurs
Injurieux à la nature,
Qui disent que les bons buveurs
S'en vont droit à la sépulture.
Le vin retarde plus la mort qu'il ne la hâte;
J'en atteste Hyppocrate,
Qui dit qu'il faut à chaque mois
S'enivrer au moins une fois.

## L'ANTI-RIMEUR.

Air. *De tous les capucins du monde.*

Trève aux chansons, ne vous déplaise;
Je ne saurais boire à mon aise
Quand il faut arranger des mots:
Gardons, suivant l'antique usage,
Parmi les verres et les pots,
La liberté, jusqu'au langage.

Evitons toute servitude,
Et fuyons la pénible étude
De rimailler hors de saison;
C'est une plaisante maxime,
Quand il faut perdre la raison,
De vouloir conserver la rime.

MALEZIEU.

# LES LOIS DE LA TABLE.

Air : *Je suis une vigne nouvelle.*

Point de gêne dans un repas.
Table fût-elle au mieux garnie,
Il faut pour m'offrir des appas,
Que la contrainte en soit bannie.
Toutes les maisons où j'en voi
    Sont des lieux que j'évite;
Amis, je veux être chez moi
    Partout où l'on m'invite.

Quand on est sur le point d'honneur,
Quel désagrément on éprouve !
Point de haut bout; c'est une erreur;
Il faut s'asseoir comme on se trouve;
Surtout qu'un espace assez grand
    En liberté nous laisse :
Même auprès d'un objet charmant,
    Comus défend la presse.

Fuyons un convive pressant
Dont les soins importuns nous choquent,
Et qui nous tue en nous versant
Des rasades qui nous suffoquent;

Je veux que chacun sur ce fait
　Soit libre sans réserve ;
Qu'il soit son maître et son valet ;
　Qu'à son goût il se serve.

Tout ce qui ne plaît qu'aux regards,
A l'utilité je l'immole ;
D'un buffet chargé de cent marcs,
La montre me paraît frivole.
Je ris tout bas lorsque je vois
　L'élégant édifice
D'un surtout qui pendant six mois
　Rentre entier dans l'office.

Des mets joliment arrangés
Le compartiment méthodique,
Malgré les communs préjugés,
Me paraît sujet à critique ;
A quoi cet optique est-il bon ?
　Dites-moi, je vous prie.
Sert-on pour les yeux ? et doit-on
　Manger par symétrie ?

Se piquer d'être grand buveur,
Est un abus que je déplore ;
Fuyons ce titre peu flatteur ;
C'est un honneur qui déshonore.

Quand on boit trop, on s'assoupit,
    Et l'on tombe en délire :
Buvons pour avoir de l'esprit,
    Et non pour le détruire.

Quand on devrait me censurer,
    Je tiens, amis, pour véritable,
Que la raison doit mesurer
Les plaisirs, même de la table;
Je veux, quand le fruit est servi,
    Que chacun se réveille;
Mais il faut quelque ordre, et voici
    Celui que je conseille.

Dans les chansons point d'aboyeurs,
Dans les transports point de tumulte,
Dans les récits point de longueurs,
Dans la critique point d'insulte.
Vivacité sans jurement,
    Liberté sans licence,
Dispute sans emportement,
    Bons mots sans médisance.

PANNARD.

# L'AMOUR ET BACCHUS.

Air : *Vive le vin, vive l'amour.*

Je bois du vin, je fais l'amour,
Et je caresse tour-à-tour
Et ma bouteille et ma maîtresse.
Je ne bois pas jusqu'à l'ivresse,
Je n'aime pas jusqu'à languir.
De tout un peu, voilà le vrai plaisir ;
L'excès en tout n'est que faiblesse.

Le Champenois, le Bourguignon,
J'aime tout vin quand il est bon ;
J'aime aussi la blonde et la brune.
Dans une constance importune
Un autre mettrait son bonheur ;
J'ai trop connu le souci, le malheur,
Et l'ennui de n'en avoir qu'une.

Verse du vin, verse tout plein,
Et que chacun le verre en main
Boive à sa maîtresse chérie.
Quand l'Amour est de la partie,
La gaîté préside au repas ;
Si l'on voit double, on voit doubles appas,
Et voir ainsi n'est pas folie.

# LE POËTE ÉPICURIEN.

Air de *Lantara*, noté n° 24 du *Chansonnier des Grâces de* 1810.

D'ANACRÉON touchant la lyre,
Amis, pour embellir nos jours,
Fêtons, dans un joyeux délire,
Les Muses, le vin, les Amours.
Et vous, des Jeux, des Ris, aimable troupe,
Ah! charmez de trop courts instans!
Que votre main, en remplissant ma coupe,
Vide gaîment celle du Temps!

D'Epicure la loi divine
Défend la peine et le chagrin;
Pour monter la double colline,
Des vignes je prends le chemin.
Si le Parnasse est un vaste parterre,
Il faut l'arroser à loisir;
Mais que le vin seul féconde la terre
Où les lauriers doivent fleurir!

Voyez, dans la liqueur vermeille
Puisant la douce volupté,
Tous ces buveurs, sous une treille,
Rêver à l'immortalité!

Eh bien! Bacchus, tous ces faibles atômes,
Grâce à ton prisme merveilleux,
Avant de boire ils n'étaient que des hommes,
Dès qu'ils ont bu, ce sont des dieux !

Un moment, pour fixer les Belles,
Amis, de ce jus plein d'appas
De Cupidon mouillons les ailes ;
Prudemment ne les coupons pas.
De cet avis quelque vieux sage gronde ;
Pour nous guérir de son poison,
Vite, buvons ; car boire est dans ce monde
L'antidote de la Raison.

M. P. Reg.....n.

# CHANSON A MANGER.

*Air à faire.*

Quand j'ai bien faim et que je mange,
Et que j'ai bien de quoi choisir,
Je ressens autant de plaisir
Qu'à gratter ce qui me démange.
Cher ami, tu m'y fais songer :
Chacun fait des chansons à boire,
Et moi qui n'ai plus rien de bon que la mâchoire,
Je n'en veux faire qu'à manger.

Quand on se gorge d'un potage
Succulent comme un consommé,
Si notre corps en est charmé,
Notre âme l'est bien davantage.
Aussi Satan, le faux glouton,
Pour tenter la femme première,
N'alla pas lui montrer du vin ou de la bière,
Mais de quoi brauler le menton.

Quatre fois l'homme de courage
En un jour peut manger son saoul ;
Le trop boire peut faire un fou
De la personne la plus sage.

A-t-on vidé mille tonneaux,
On n'a bu que la même chose;
Au lieu qu'en un repas on peut doubler la dose
De mille différens morceaux.

SCARRON.

## LE LIERRE ET LE MYRTE.

(16) Air : *Aussitôt que la lumière.*

Sans ardeur auprès d'Elvire,
En vain j'implore Vénus;
Je retrouve mon délire
Dans les trésors de Bacchus.
Sur le lierre qui couronne
Ma tête et ses cheveux blonds,
Du myrte que Cypris donne
Je greffe les rejetons.

M. Hugues Nelson COTTREAU.

# LE VIN.

(5) Air : *J'ai vu partout dans mes voyages.*

A chanter le lait maint génie
S'est, dit-on, creusé le cerveau ;
Et même (ô l'étrange manie !)
Sans rougir, on a chanté l'eau.
Ces boissons perfides et fades
Voudraient m'en imposer en vain ;
Je préfère, chers camarades,
Faire ici l'éloge du vin.

Des neuf Sœurs laissons le poëte
Souffrir les caprices divers ;
Qu'en vain il se creuse la tête
A composer de méchans vers.
Pour moi qu'un Dieu plus doux entraîne,
Bacchus, voilà mon Apollon ;
Ma cave, voilà l'Hippocrène,
Et mes coteaux sont l'Hélicon.

Que Lindor, épris de Lucette,
Tout à loisir sèche d'amour ;
Qu'auprès de sa chère cassette
Harpagon veille nuit et jour ;

Moi qui condamne leur manie,
Je tiens que chacun d'eux est fou :
A boire je passe ma vie ;
Mes chers amis, chacun son goût.

Anacréon ainsi qu'Horace
Buvaient gaîment soir et matin ;
Leurs vers faciles, pleins de grâce,
Coulaient sans peine avec le vin.
Il ne faut plus crier merveille,
En lisant ce qu'ils ont écrit ;
Car ce n'est que dans leur bouteille
Qu'ils ont puisé tout leur esprit.

Si chez Pluton, comme sur terre,
On boit de ce divin nectar,
Il faut, morbleu! que l'on m'enterre
Avec du Beaune et du Pomar.
J'y veux faire boire chopine
Au nautonnier des sombres bords,
Et gaîment avec Proserpine
Trinquer à la santé des morts.

M. A. J. D. Deregnaucourt (de Douay).

# BACCHUS ET L'AMOUR.

*(5) Air du Petit Matelot.*

Vous qu'ici l'Amitié rassemble,
Tendres amans, heureux buveurs,
Du Dieu que nous servons ensemble
Chantons tour-à-tour les faveurs.
Du nom du Dieu que l'Inde adore,
Buveurs, remplissez ce séjour;
Et vous, Beautés jeunes encore,
Sans le nommer, chantez l'Amour.

Le loisir plaît à la tendresse;
Mais Bacchus fuit un vil repos;
Le buveur peut jouir sans cesse,
L'amant ne jouit qu'à propos.
Le buveur, dans sa folle ivresse,
Se croit un Roi toujours vainqueur;
L'amant, soumis à sa maîtresse,
Ne veut régner que sur son cœur.

Dans cette brillante fougère
Quand Tyrcis verse un vin charmant,
Amour sur sa mousse légère
Me peint les traits de mon amant.

Je réunis tout ce que j'aime;
Ma bouche aspire la liqueur,
Et fait passer à l'instant même
Bacchus et l'Amour dans mon cœur.

Ainsi que l'enfant de Cythère,
Le Dieu du vin est délicat;
Tous les deux aiment le mystère,
Tous les deux redoutent l'éclat.
Dès que ma bouteille est ouverte,
Le vin s'évapore ou s'aigrit;
Dès qu'une intrigue est découverte,
L'amour s'éteint ou s'affaiblit.

Au Dieu qui préside à la treille,
Amour, tu dois souvent ton prix;
Sylvandre, armé d'une bouteille,
Sait enfin triompher d'Iris :
Le verre à la main, elle oublie
Et son devoir et le danger ;
L'amant triomphe, et Bacchus crie :
« Mon heure est celle du berger ».

D'un amour délicat et tendre,
Chers amis, célébrons le prix;
Vous, buveurs, imitez Sylvandre;
Nous pourrions imiter Iris.

A Bacchus donnons la journée;
Réservons les nuits à l'Amour :
L'un peut renaître avec l'année;
Quand l'autre fuit, c'est sans retour.

## L'HEUREUX NATUREL.

(15) Air de *Joconde*.

Que pour Bacchus ou pour l'Amour
    On fasse une partie;
Que ce soit de nuit ou de jour,
    J'en ai d'abord envie.
J'ai toujours soif, j'aime sans fin,
    Rouge, blanc, brune et blonde;
Je voudrais boire tout le vin,
    Et baiser tout le monde.

## LE MUSICIEN.

(13) Air : *Réveillez-vous, belle endormie.*

Si parfois avec mes confrères
Je fréquente le cabaret,
C'est que parmi le choc des verres
Je rencontre l'accord parfait.

Mais fort souvent ma ménagère
Vient me surprendre quand j'y bois ;
Il faut la voir, dans sa colère,
En dièze élever sa voix.

Afin que le vacarme cesse,
Je prouve que j'ai le vin bon ;
En bémol, ma voix qui s'abaisse,
Humblement adoucit le ton.

Ma femme, qui me croit plus sage,
M'embrasse, et le calme renaît ;
Elle retourne à son ménage,
Moi, je retourne au cabaret.

Ainsi finit le tintamarre.
Eh bien ! Grétry, Méhul, Rigel
Chez vous vit-on jamais bécarre
Mieux remettre au ton naturel ?

M. Edouard FOUCAUX.

# LA FIN DES VACANCES.

## CHANSON BACHIQUE.

(16) Air : *Aussitôt que la lumière.*

Après trois mois d'abstinences,
Amis, que ce jour est doux !
Maudites soient les vacances
Qui nous ont séparés tous.
Trois mois notre table veuve
Dans un coin fut sans honneurs ;
C'est une trop rude épreuve
Pour l'élite des buveurs.

Pour charmer l'ennui terrible,
Armé d'un tube fatal,
Chassant maint lièvre paisible,
J'ai fait un bruit infernal ;
Dans ce passe-temps coupable,
Quoique portant d'heureux coups,
Je regrettais ceux qu'à table
Je buvais auprès de vous.

De la vigne bienfaisante
J'ai cueilli le fruit divin,
Et bientôt l'âme contente,
En pressurant le raisin,
Je disais : « Liqueur vermeille,
A mes bons amis absens,
Oh! que ne puis-je en bouteille
Te présenter dans cent ans »!

Mais le verseau nous ramène
Des momens tant regrettés;
Fils du Nord, ta froide haleine
Vient repeupler nos cités.
Quand le Ciel trempe la terre
D'une eau qu'il verse sans fin,
Amis, ouvrez sur mon verre
Des cataractes de vin.

Que nos travaux recommencent!
Le verre en main, mes amis,
Loin les songe-creux qui pensent !
Loin de nous les beaux esprits !
L'Apollon de notre temple
N'est point leur Phœbus vanté ;
Du Caveau suivant l'exemple,
Notre muse est la Gaîté.

Inspirés par la Folie,
Et par Bacchus enivrés,
Ah! quand l'Amitié nous lie,
Serrons des nœuds si sacrés!
Pour nous point de vin potable
Si de loin il n'est venu;
Mais n'offrons à notre table
Que des vers de notre cru.

M. A. M.

## DÉPIT CONTRE L'AMOUR.

Bacchus, pour toi je renonce à l'Amour;
Voilà ce que j'ai fait pour te faire ma cour;
   J'ai quitté la tendre Nanette,
   Brûlé les lettres de Manon,
   Rendu le portrait de Lisette;
Il ne me reste plus qu'une bague à Fanchon,
Et je vais la troquer contre un tire-bouchon.

## LA MER ROUGE.

Quand la mer rouge apparut
   A la troupe noire,
Le peuple égyptien crut
   Qu'il n'avait qu'à boire ;
Mais Moïse vit soudain
Que ce n'était pas du vin ;
   Il la pas, il la sa,
     Il la passa toute
     Sans en boire goutte.

Alexandre dont le nom
   A rempli la terre,
N'aimait pas tant le canon
   Qu'il aimait le verre.
Si Mars parmi les guerriers
S'est acquis tant de lauriers,
   Que pouvons, que devons,
     Que devons-nous croire ?
     Sinon qu'il faut boire.

## LES PLATS.

### CHANSON DE TABLE.

Air : *Ça n'se peut pas.*

On fait bien des chansons nouvelles;
On chante sur tout et sur rien ;
Tous les jours on chante les Belles,
Les gens d'esprit, les gens de bien.
On chante les grands de ce monde ;
Mais d'être chantés ils sont las :
Pour être goûtés à la ronde,
 Chantons les plats.

On fait une assez froide mine
A Paul, chez qui l'on mange peu ;
Mais Mondor a bonne cuisine ;
On le sert toujours avec feu.
Un chapon ou deux minces grives
Chez Paul forment les grands galas :
Chez Mondor autant de convives,
 Autant de plats.

De nos Crésus quand vient la fête,
Si chacun veut les couronner,
C'est que chez eux chacun s'apprête
A faire un succulent dîner.
Pourquoi crier jusqu'au délire,
Vivent Marc, Roch, Luc, Loup, Colas?
On devrait tout simplement dire :
 Vivent les plats!

Voyez deux à deux, quatre à quatre,
Nos rodomonts et leurs témoins;
Ah! comme ils brûlent de se battre!
Ils vont s'égorger.... pour le moins.
On déjeune, on fait bonne chère,
On rengaine les coutelas :
Pour finir gaîment une affaire,
 Vivent les plats!

J'aime à dîner entre deux Belles,
Ou bien entre deux bons voisins;
Soit avec eux, soit avec elles;
J'aime à me voir entre deux vins;
Mais je serais inconsolable,
Si le sort m'ordonnait, hélas!
De figurer un jour à table
 Entre deux plats!

Sans les plats on verrait le monde
Changer de figure avant peu ;
Aussi quand le tonnerre gronde,
Mes chers amis, voici mon vœu :
« Ah ! sur le pays où nous sommes,
Si la foudre tombe en éclats,
Grand Dieu, pour le bonheur des hommes,
  Sauve les plats » !

M. Armand Gouffé.

## DE TOUT UN PEU.

Air : *Du haut en bas.*

De tout un peu,
Iris, c'est ma philosophie ;
  De tout un peu,
Du vin, de l'amour et du jeu ;
En prendre trop serait folie ;
Il vaut mieux user dans la vie
  De tout un peu.

## A TA SANTÉ.

Air : *Chansons, chansons.*

Jadis, sans art, sans imposture,
On n'employait point d'écriture
　　Dans un traité ;
Pour garant de la foi promise,
On se disait avec franchise :
　　A ta santé.

En trinquant on fait connaissance,
En trinquant l'amitié commence
　　Avec gaîté ;
Et quand deux amis se divisent,
Pour se rapprocher ils se disent :
　　A ta santé.

Tête-à-tête avec sa maîtresse,
Ce mot charmant avec ivresse
　　Est répété ;
Après un amoureux silence,
Comme on dit avec jouissance :
　　A ta santé.

# L'ÉPICURIEN FRANÇAIS.

(5) Air : *Quand l'Amour naquit à Cythère.*

La gourmandise et la tendresse
Sont mes deux péchés capitaux :
Si mon cœur est pour ma maîtresse,
Ma bouche est pour les bons morceaux,
De beaux yeux, une bonne table,
M'enflamment petit à petit ;
Et près d'une voisine aimable
J'ai toujours meilleur appétit.

Ne me parlez pas d'une fête
Où le sexe n'est point placé ;
Le vin seul échauffe la tête,
Et le cœur y reste glacé.
En buvant, d'amour je me berce,
Enivré par un doux regard,
Et dès qu'une femme m'en verse,
Le vin me semble du nectar.

Si j'aime à rencontrer ma Belle,
J'aime à trouver un beau couvert ;
Car j'ai le cœur tendre et fidèle,
Et l'appétit toujours ouvert.

De désir et d'amour extrême
Je sens tout mon corps frissonner,
Quand je puis dire : *Je vous aime*,
Et : *Je vais faire un bon dîner.*

M. Antignac.

## LES HOMMES SONT TOUS FRÈRES.

(16) Air : *Aussitôt que la lumière.*

S'il arrive que la haine
Nous aigrisse entre voisins,
Nous buvons, à perdre haleine,
Du plus généreux des vins ;
En pétillant dans nos verres,
Il rappelle aux cœurs émus,
Que les hommes sont tous frères,
Et tous enfans de Bacchus.

M. Hugues Nelson Cottreau.

# LE VIN ET L'AMOUR.

Air du vaudeville de *Jean Monnet.*

Voulez-vous chérir la vie,
Amis, faites comme moi;
Que femme aimable et jolie
Vous range enfin sous sa loi.
  Tour-à-tour,
  Chaque jour
Sourit à ma destinée,
Et dans le lit d'Hymenée
Je suis bercé par l'Amour.

C'est en suivant ma doctrine
Qu'on prolonge son printemps;
Jamais une humeur chagrine
Ne peut enchaîner le Temps :
  Ce tyran
  dévorant
D'ici-bas tous nous efface :
Or, que faut-il que l'on fasse ?
Boire et le tuer gaîment.

Au profit de la tendresse
Le bon vin tourne toujours;
Et Bacchus de son ivresse

Sait enflammer les Amours.
     Le vin vieux
     Rend joyeux,
Quand j'en bois bien je culbute,
Lise me suit dans ma chute....
Et je me crois dans les cieux.

Dans l'Olympe qu'on nous vante,
On ne vit pas mieux que nous;
Chez les Dieux rien ne me tente,
Nos plaisirs sont aussi doux :
     Nos festins
     Sont divins,
Nos mets sont leur ambroisie,
Et leur nectar, je parie,
Ne peut valoir nos bons vins.

Aux francs plaisirs de la table
Veut-on réunir l'Amour ?...
Que ce repas délectable
Commence au déclin du jour :
     Fins morceaux,
     Doux propos,
Au soupé rien n'effarouche;
Est-il fini l'on se couche....
L'Amour tire les rideaux.

M. DEFRÉNOY.

# LE PLAISIR.

### Air de *Jean Monnet*.

Le Plaisir est la devise
Des enfans d'Anacréon;
Sous son manteau se déguise
Même l'austère Raison :
  Nous buvons,
  Nous chantons,
Nous aimons, rions sans cesse,
Et, dans notre folle ivresse,
Nous mettons tout en chansons.

Dans ses leçons Épicure
Nous dit que la Volupté
Est l'âme de la Nature,
Et la grande Déité;
  Au plaisir,
  Au désir,
Il veut que tous les cœurs cèdent,
Et que des biens qu'ils possèdent
Les hommes sachent jouir.

Entre sa coupe et sa lyre,
Les caressant à-la-fois,
Horace, dans son délire,

Du Plaisir dicte les lois ;
    A Bacchus,
    A Vénus,
Chaque fois qu'il sacrifie,
C'est pour la philosophie
Une couronne de plus.

Chaulieu, libertin aimable,
Renouvela, de nos jours,
Cette union de la table,
De la lyre et des amours ;
    Ses couplets
    Sans apprêts,
Du Temple ont fait les délices,
Et dans leurs heureux caprices
Du plaisir fixé les traits.

Prenons, amis, pour modèles
Ces folâtres professeurs ;
Au plaisir soyons fidèles,
Et savourons ses douceurs :
    Vin mousseux,
    Chants joyeux,
Des Grâces tendre sourire,
Heureux enfans de la lyre,
Vous donnent le sort des Dieux.

M. LEBLOND.

# CHANSON A MANGER.

(16) Air : *Aussitôt que la lumière.*

Aussitôt que la lumière
Vient éclairer mon chevet,
Je commence ma carrière
Par visiter mon buffet.
A chaque mets que je touche
Je me crois l'égal des Dieux,
Et ceux qu'épargne ma bouche
Sont dévorés par mes yeux.

Boire est un plaisir trop fade
Pour l'ami de la gaîté :
On boit lorsqu'on est malade ;
On mange en bonne santé.
Quand mon délire m'entraîne,
Je me peins la Volupté
Assise, la bouche pleine,
Sur les débris d'un pâté.

A quatre heures lorsque j'entre
Chez le traiteur du quartier,
Je veux toujours que mon ventre
Se présente le premier.

Un jour les mets qu'on m'apporte
Sauront si bien l'arrondir,
Qu'à moins d'élargir la porte
Je ne pourrai plus sortir.

Un cuisinier, quand je dîne,
Me semble un être divin,
Qui du fond de sa cuisine
Gouverne le genre humain.
Qu'ici-bas on le contemple
Comme un ministre du Ciel;
Car sa cuisine est un temple
Dont les fourneaux sont l'autel.

Mais, sans plus de commentaires,
Amis, ne savons-nous pas
Que les nôces de nos pères
Finirent par un repas;
Qu'on vit une nuit profonde
Bientôt les envelopper,
Et que nous vînmes au monde
A la suite d'un souper?

Je veux que la Mort me frappe
Au milieu d'un grand repas;
Qu'on m'enterre sous la nappe
Entre quatre larges plats;

Et que sur ma tombe on mette
Cette courte inscription :
« Ci-gît le premier poëte
Mort d'une indigestion ».

M. DÉSAUGIERS.

## ADIEU A L'AMOUR.

Amour, adieu, pour la dernière fois ;
Que Bacchus avec toi partage la victoire !
La moitié de ma vie a coulé sous tes lois ;
    J'en passerai le reste à boire.
    Tu voudrais m'arrêter en vain ;
    Nargue d'Iris et de ses charmes ;
Ton funeste flambeau s'est éteint dans mes larmes ;
Que celui de mes jours s'éteigne dans le vin !

PIRON.

# LE BON CONSEIL.

(15) Air de *Joconde*.

Du vin je suis toujours charmé,
   Quelle que soit ma chaîne ;
Lorsque je ne suis point aimé,
   Il soulage ma peine ;
Mais lorsque je plais, par bonheur,
   A celle que j'adore,
Loin de ralentir mon ardeur,
   Il la redouble encore.

Écoute, amant triste et jaloux,
   Ce que je te conseille ;
Tu n'aimes pas plus deux yeux doux,
   Que j'aime ma bouteille ;
Ainsi que je la traite, apprends
   A traiter ta bergère ;
Je la quitte dès que je sens
   Qu'elle devient légère.

FUSELIER.

## MAXIMES DE SILÈNE.

(9) Air : *Chantez, dansez, amusez-vous.*

« Malgré les maux et les tourmens
Que dans la vieillesse on éprouve,
Elle a de certains agrémens,
Et voici comme je le prouve :
De vieux amis et du vin vieux
Sont les plus doux présens des cieux.

» Mon printemps est bien loin de moi,
Et déjà mon été s'envole;
En faut-il pleurer ? non, ma foi;
Par ce refrain je me console :
De vieux amis et du vin vieux
Sont les plus doux présens des cieux.

» Contre le temps prompt à passer,
C'est mal-à-propos que l'on boude;
Quand la tête vient à baisser,
Pour boire on hausse mieux le coude.
De vieux amis et du vin vieux
Sont les plus doux présens des cieux.

» Mes chers amis, jusqu'au moment
Où nos yeux ne verront plus goutte,
Verre en main, voyons-nous souvent,
Et buvons la petite goutte.
De vieux amis et du vin vieux
Sont les plus doux présens des cieux.

» Que des Dieux l'auguste pouvoir,
Jusqu'à la fin de ma carrière,
Me conserve un œil pour vous voir,
Une main pour porter mon verre.
De vieux amis et du vin vieux
Sont les plus doux présens des cieux ».

PANNARD.

## A BACCHUS.

(16) Air : *Aussitôt que la lumière.*

Viens sous cette antique treille,
O Bacchus, Dieu des buveurs !
Viens, armé d'une bouteille,
M'arracher à mes langueurs.
Dans une ivresse profonde
Noye à ton gré mes esprits ;
Pour être heureux en ce monde,
Il faut être toujours gris.

Que le cliquetis des armes
Plaise aux turbulens héros ;
Le seul pour moi plein de charmes,
C'est le cliquetis des pots.
Qu'un Turenne aux champs de gloire
Vole affronter mille dards ;
Moi, je n'ai du cœur qu'à boire ;
Ma cave est mon champ de Mars.

Des neuf doctes péronnelles
Je foule aux pieds les faveurs ;
Le Châblis de ces donzelles,
Je l'abandonne aux rimeurs.

Toujours gaillard, toujours ivre,
Je me moque d'un vain nom;
Et veux, en cessant de vivre,
Un tonneau pour Panthéon.

## L'ACCOMMODEMENT.

(12) Air : *Nous sommes précepteurs d'amour.*

Le Champagne est mon favori,
Sa mousse me plaît dans un verre;
Mais, au défaut du Silleri,
Je m'accommode du Tonnerre.

Grécourt.

# LE VIN, L'AMOUR ET LA GAITÉ.

### Air du *Bastringue*.

Le vin, l'amour et la gaîté,
  C'est un r'mède
  A qui tout cède;
Le vin, l'amour et la gaîté,
C'est c'qui fait la félicité.

Le vin prévient la maladie;
L'amour empêche qu'on s'ennuie;
Et la gaîté, qui met en train,
Chasse le souci, le chagrin.
  Le vin, l'amour, etc.

Quand on a beaucoup de richesse,
On cherche à l'augmenter sans cesse,
Et pendant qu'on amass' du bien,
Y s'trouve qu'on n'jouit de rien.
  Le vin, l'amour, etc.

Le nez collé sur un gros livre,
A l'étude un savant se livre :
Moi, sans tant de peine et d'ennui,
En trois mots j'en sais plus que lui.
  Le vin, l'amour, etc.

Lorsqu'une maîtresse infidelle
Se moque de moi, je m'ris d'elle,
Et près d'une autre, au même instant,
Je vais m'consoler en chantant :
Le vin, l'amour, etc.

Sans m'tourmenter de c'qu'on peut faire,
Je songe à ma petite affaire ;
Et, de peur de déraisonner,
Je ne m'amus' pas à raisonner.
Le vin, l'amour et la gaîté,
  C'est un r'mède
  A qui tout cède ;
Le vin, l'amour et la gaîté,
C'est c'qui fait la félicité.

M. J. E. Despréaux.

## LES BONS CONSEILS.

Air : *Eh ! gai ! gai ! gai ! mon officier.*

CHANTONS buvons ; ce n'est qu'ici
  Que la vie
  Est jolie :
Chantons, buvons ; ce n'est qu'ici
  Qu'on nargue le souci.

 Une onde fugitive,
 Voilà notre destin ;
 Mais le ciel sur la rive
 Fait croître le raisin.
Chantons, etc.

 Peine, ennui, jalousie,
 Assiègent mes foyers ;
 Mais ici l'on oublie
 Jusqu'à ses créanciers.
Chantons, etc.

 Laissons un Dieu volage
 Amuser des enfans ;
 On n'aime qu'au jeune âge,
 On boit dans tous les temps.
Chantons, etc.

Combien d'heures chagrines
Suivent les doux ébats!
La rose a des épines,
Le pampre n'en a pas.
Chantons, etc.

Belles qu'Amour condamne
A de tendres langueurs,
Imitez Ariane,
Bacchus sécha ses pleurs.
Chantons, etc.

Garde, fils de Latone,
Tes neuf sœurs, ton ruisseau;
J'ai pour muse Erigone,
Pour Parnasse un tonneau.
Chantons, buvons; ce n'est qu'ici
    Que la vie
    Est jolie:
Chantons, buvons; ce n'est qu'ici
    Qu'on nargue le souci.

M. PHILLIPPON LA MADELAINE.

# LE BUVEUR AMOUREUX.

(9) Air : *Mon père, je viens devant vous.*

J'aime Bacchus, j'aime Nanon ;
Tous deux partagent ma tendresse,
Tous deux ont troublé ma raison
Par une aimable et douce ivresse.
Ah ! qu'elle est belle ! ah ! qu'il est bon !
C'est le refrain de ma chanson.

Nanette, en me brûlant d'amour,
Me rend le vin plus agréable ;
Le vin, par un juste retour,
La rend à mes yeux plus aimable.
Ah ! qu'elle est belle ! etc.

En partageant ainsi mes vœux
Mon cœur en est plus à son aise ;
Quand il me manque l'un des deux,
L'autre me soulage et m'apaise.
Ah ! qu'elle est belle ! etc.

Tous deux ils savent concourir
A rendre leur gloire immortelle ;
Nanette au vin me fait courir,

Le vin me fait courir chez elle.
Ah! qu'elle est belle! etc.

De Nanon regardez les yeux,
Et goûtez bien ce doux breuvage;
Quand vous les connaîtrez tous deux,
Amis, vous tiendrez ce langage :
Ah! qu'elle est belle! etc.

Chez l'Amour ma raison se perd;
Je la retrouve sous la treille.
Je sers Vénus, Bacchus me sert;
L'un m'endort, l'autre me réveille.
Ah! qu'elle est belle! ah! qu'il est bon!
C'est le refrain de ma chanson.

## LA LOI D'ÉPICURE.

(5) Air : *Si Dorilas médit des femmes.*

Vous qui du vulgaire stupide
Voulez écarter le flambeau,
Prenez Epicure pour guide
Et la Nature pour flambeau.
Il n'invente point de systêmes,
Il ne fait que bannir l'erreur;
Et si nous rentrons en nous-mêmes,
Epicure est dans notre cœur.

La Nature, prudente et sage,
N'a jamais rien produit en vain;
Nos sens ont chacun leur usage,
Et nous devons tendre à leur fin.
Pour nous l'enseigner, la Nature
Nous a fait présent du désir;
Par une route toujours sûre,
Il nous mène droit au plaisir.

Mais le plaisir cesse de l'être
Dès qu'il cesse d'être goûté :
La débauche ne peut paraître
Sans faire fuir la volupté.

Qu'on mêle avec délicatesse
Et les sens et le sentiment,
Et que Bacchus, laissant l'ivresse,
N'ait avec lui que l'enjoûment.

Ton cœur est épris de Thémire;
Thémire est sensible à son tour;
Tous deux, dans un commun délire,
Cueillez les roses de l'Amour.
A servir l'ardeur de vos flâmes
Employez l'été de vos ans,
Et qu'à l'ivresse de vos âmes
Se joigne celle de vos sens.

Que les ardeurs de la jeunesse
Se tempèrent avec Vénus;
Que les glaces de la vieillesse
Se réchauffent avec Bacchus.
La vie est un instant qui passe;
Malgré nous il va s'envoler;
Remplissons-en du moins l'espace,
Ne pouvant pas le reculer.

SAURIN.

## RONDE DE TABLE.

Air : *La bonne aventure, ô gai!*

Doucement, à table assis,
    Le bon Epicure
Disait à quelques amis :
Le vrai bonheur est ici.
La bonne aventure, ô gai!
    La bonne aventure.

La belle Aspasie était
    Auprès d'Epicure ;
En souriant il disait :
Le vrai bonheur est tout près.
La bonne aventure, ô gai!
    La bonne aventure.

Ecoutez un mot divin,
    Disait Epicure :
Sans l'amour et sans le vin
Un repas n'est jamais sain ;
C'est là la nature, ô gai!
    La bonne nature.

Aimer, soupirer toujours,
    Passe la mesure;

Mais boire, aimer tour-à-tour,
Par le vin calmer l'amour,
C'est là la nature, ô gai!
    La bonne nature.

Boire du soir au matin,
    Passe la mesure;
Mais d'une prudente main
Par l'amour calmer le vin,
Voilà la nature, ô gai!
    Voilà la nature.

Trouvez-vous pour un baiser
    Quelque conjoncture?
On pourrait le refuser,
Prenez-le sans demander;
La chose est plus sûre, ô gai!
    La chose est plus sûre.

Mais si l'on se fâchait bien,
    Rendez sans murmure;
Baiser gardé ne vaut rien,
A chacun rendez le sien;
Voilà la nature, ô gai!
    La bonne nature.

M. DE S**.

# RONDE DE TABLE.

Quel plaisir! d'une main
De tenir sa bergerette,
De l'autre un flacon de vin,
Tous deux dansant sur l'herbette!
Aimons, buvons; croissez vigne et fillette
Joliette;
Car toujours l'on boira,
L'on aimera,
L'on boira,
L'on aimera.

Lorsque Dieu fit Adam,
Il fit aussi sa compagne,
A tous les deux leur disant :
Que l'Amour vous accompagne !
Aimez, buvez, etc.

Qu'on aille en cent climats
Où l'on brûle pour la gloire,
On ne fait rien ici-bas
Que pour aimer et pour boire.
Aimons, etc.

De son lit nuptial
Le soleil sort plein de gloire;
Le soir ce Dieu sans égal
Dans les mers descend pour boire.
Aimons, etc.

Quand Mars, ce dieu hautain,
A frappé d'estoc, de taille,
A la femme de Vulcain
Il livre une autre bataille.
Aimons, etc.

Le plaisir, la gaîté,
Avec le vin, la tendresse,
Colore notre santé
Des roses de la jeunesse.
Aimons, etc.

Ainsi que nos aïeux,
Aimons, buvons, ma bergère;
Si l'on pouvait faire mieux,
Il faudrait encor le faire.
Aimons, buvons; croissez vigne et fillette
Joliette;
Car toujours l'on boira,
L'on aimera,
L'on boira,
L'on aimera.

# LE PETIT MOT POUR RIRE.

Air : *C'est Geneviève dont le nom.*

La bonne chère et le bon vin,
Premier éloge d'un festin,
 Sont bien faits pour séduire;
Mais ce n'est rien qu'un grand repas
Où la gaîté ne règne pas :
  Disons le mot,
  Chantons le mot,
 Le petit mot pour rire.

Il faut aimer sincèrement,
S'en faire un doux amusement,
 Et jamais un martyre.
Un peu d'amour nous rend joyeux;
Extrême, il nous rend ennuyeux.
  Disons, etc.

Donnons à nos amis absens
Moins de défauts que de talens;
 Pas un trait de satire.
Ayons le sel de la gaîté,
Et jamais de méchanceté.
  Disons, etc.

Le vin ranime les propos ;
Il est le père des bons mots :
 Sans chercher à les dire,
Buvons, peut-être en dirons-nous ;
Voisin, ils sont communs chez vous.
  Disons, etc.


Dans ce séjour délicieux,
Image de celui des Dieux,
 Le Plaisir nous attire.
Enchaînons-le de tout côté.....
Non, laissons-lui la liberté.
  Disons le mot,
  Chantons le mot,
Le petit mot pour rire.

# LE CŒUR ET L'ESTOMAC.

## CHANSON ÉROTICO-GOURMANDE.

(5) Air : *J'ai vu partout dans mes voyages.*

Amis, que votre goût m'éclaire!...
Quand je trouve un joli minois,
Quand je rencontre bonne chère,
J'éprouve l'embarras du choix;
De grâce, faites-moi connaître,
Pour me préserver de l'erreur,
Si l'appétit que je sens naître,
Vient de l'estomac ou du cœur.

S'il faut qu'ici je vous le dise,
Mes défauts sont assez nombreux;
Et je m'accuse avec franchise
D'être gourmand, d'être amoureux :
Sans ces défauts, de ma jeunesse
Les jours seraient-ils plus heureux?...
Mon cœur est rempli de faiblesse;
Mais j'ai l'estomac vigoureux.

J'entends ma Belle qui s'approche,
Mon tendre cœur a palpité ;
Du dîné l'on sonne la cloche,
Mon estomac est agité.
Dois-je laisser de ma maîtresse
Refroidir le cœur chagriné,
Ou bien dois-je pour la tendresse
Laisser refroidir le dîné ?

Chacun d'eux a même puissance ;
Chacun d'eux veut être écouté.
Qui donc aura la préférence ?
Est-ce la table ou la Beauté ?
Dans cette inquiétude étrange,
Je ne sais quel besoin calmer :
Si mon estomac me dit : Mange ;
Mon cœur me dit : Il faut aimer.

Ah ! qu'une maîtresse jolie
A d'empire sur un amant !
Ah ! qu'une table bien servie
A de charmes pour un gourmand !
Dieux ! quel plaisir quand une Belle
Nous offre un plat délicieux,
De le dévorer auprès d'elle,
Et de la dévorer des yeux !

Mais en vain ici je raisonne
Sur l'amour et sur l'appétit;
Je sens que mon cœur m'abandonne,
Que mon estomac dépérit.
Hélas! dans ma peine cruelle,
Mes amis, ne me laissez pas
Mourir d'amour près de ma Belle,
Ou de faim près d'un bon repas.

M. Delahaye.

## LA PRÉVOYANCE.

(4) Air : *Avec vous sous le même toit.*

Sur les bords du triste Achéron,
Que serai-je? Une ombre plaintive
Que l'impitoyable Caron
Transportera sur l'autre rive;
Boire alors n'est plus de saison;
Ainsi, dans un joyeux délire,
Noyons ensemble la raison;
En faut-il tant pour nous conduire?

M. Broisse.

## CHANSON BACHIQUE.

Air : *En revenant de Bâle en Suisse.*

J'ai de l'Amour brisé les chaînes ;
J'ai dédaigné l'or de Plutus ;
Sans argent, sans Belle, et sans peines,
Je n'aime rien, rien que Bacchus.
 Bacchus nous rassemble,
 N'ayons qu'un refrain ;
 Répétons ensemble :
  Vive le vin !

Bacchus, à l'ombre de sa treille,
En sait plus long que tous les Dieux ;
C'est lui qui le mieux nous réveille,
Lui qui nous fait dormir le mieux. Bacchus, etc.

A l'envi les arts font merveille
Pour amuser le genre humain ;
Quand feront-ils une bouteille
Qui soit sans fond comme sans fin ? Bacchus, etc.

Vite et tôt ! la soif me tourmente,
Ma Muse rimera demain ;
Le moment où le buveur chante
Est perdu pour le Dieu du vin. Bacchus, etc.

# RONDE DE TABLE.

Nous n'avons qu'un temps à vivre,
Amis, passons-le gaîment;
De tout ce qui doit le suivre
N'ayons jamais aucun tourment.

A quoi sert d'apprendre l'histoire?
N'est-ce pas la même partout?
Apprenons seulement à boire;
Quand on sait bien boire on sait tout.
   Nous n'avons, etc.

Qu'un tel soit général d'armée,
Que l'Anglais succombe sous lui;
Moi, qui n'ai pas de renommée,
Je ne veux vaincre que l'ennui.
   Nous n'avons, etc.

A courir sur terre et sur l'onde,
On perd trop de temps en chemin;
Faisons plutôt tourner le monde,
Par l'effet de ce jus divin.
   Nous n'avons, etc.

A nous découvrir des planettes
Qu'un savant s'occupe à loisir;
Je n'ai pas besoin de lunettes
Pour apercevoir le Plaisir.
 Nous n'avons, etc.

Qu'un avide chimiste exhale
Sa fortune en cherchant de l'or;
J'ai ma pierre philosophale
Dans un cœur qui fait mon trésor.
 Nous n'avons, etc.

Au grec, à l'hébreu, je renonce,
Ma maîtresse entend le français;
Si tôt qu'à boire je prononce,
Elle me verse du vin frais.
 Nous n'avons qu'un temps à vivre,
 Amis, passons-le gaîment;
 De tout ce qui doit le suivre
N'ayons jamais aucun tourment.

FIN.

# SUPPLÉMENT.

## LE BUVEUR SAVANT.

*Air connu.*

Un sot, qui veut faire l'habile,
Dit qu'en lisant il prétend tout savoir ;
Un fou, qui court de ville en ville,
En voyageant, dit qu'il prétend tout voir :
Et moi je dis, d'un ton plus véritable,
Que sans sortir de table,
Et sans avoir lu,
Je sais tout, et j'ai tout vu,
Lorsque j'ai bien bu.

Dans Platon ni dans Epicure,
Je ne vois pas qu'il soit bien établi
S'il est du vide en la nature,
Ou si l'espace est d'atômes rempli :
Dans un buveur la nature décide
Qu'elle abhorre le vuide ;
Car il est certain
Que j'abhorre un verre en main,
Quand il n'est pas plein.

Grands philosophes, je vous blâme,
Et je veux faire un systême nouveau :
Vous avez fait résider l'âme,
L'un, dans le cœur, l'autre, dans le cerveau.
Savez-vous bien où la mienne s'avance
  Pour tenir audience ?
   C'est dans mon palais
  Qu'elle juge du vin frais
   Qui coule à longs traits.

Un nouvelliste politique,
Qui tient conseil dans la cour du palais,
 Demande au plus fat de sa clique
Si nous aurons ou la guerre ou la paix ?
Moi, curieux d'une seule nouvelle,
  Lorsqu'il pleut ou qu'il gèle
   Du soir au matin,
  Je demande à mon voisin :
   Aurons-nous du vin ?

L'autre jour, à l'Observatoire,
Les ennemis du tranquille sommeil,
 Voulurent, par malice noire,
Me faire voir des taches au soleil :
Pour les punir d'oser, dans leur tanière,
  Dénigrer la lumière

D'un astre divin,
Je leur fis voir que leur vin
N'était pas clair-fin.

Un usurier, de son grimoire
Par son calcul tâchant de m'affronter,
Toute la nuit compte sans boire;
Moi, je la passe à boire sans compter :
A me tromper je mets toute ma gloire;
Je prends plaisir à croire,
Comptant par mes doigts,
Que je n'ai bu qu'une fois,
Quand j'en ai bu trois.

De ceux qui vivent dans l'histoire,
Ma foi, jamais je n'envîrai le sort;
Nargue du temple de Mémoire,
Où l'on ne vit que lorsqu'on est mort.
J'aime bien mieux, avec une Sylvie,
Boire pendant ma vie;
Car je sentirai
Les momens que je vivrai,
Tant que je boirai.

# L'UNION NÉCESSAIRE.

(9) Air : *Chantez, dansez, amusez-vous.*

Jeunes Beautés, laissez toujours
Bacchus se jouer sur vos traces :
Ce Dieu ranime les Amours ;
Ce Dieu sait embellir les Grâces.
Qu'est-ce qu'Amour sans ce doux jus ?
Sans l'Amour qu'est-ce que Bacchus ?

Fêtez Bacchus, amans heureux,
Il doublera votre tendresse ;
Amans trahis, buvez comme eux,
Il charmera votre tristesse.
Qu'est-ce qu'Amour sans ce doux jus ?
Sans l'Amour qu'est-ce que Bacchus ?

# A MES AMIS.

Air : *L'Amour ainsi qu'la Nature* (de Fanchon).

Dans ce séjour délectable,
Autour d'une bonne table,
Par le plaisir, mes amis,
Nous voilà tous réunis.
Chacun de vous boit et chante...
Je voudrais vous imiter;
Mais ma bouche peu savante
Sait mieux boire que chanter.

Anacréon, qu'on révère,
Dans les bosquets de Cythère,
Sur la lyre de l'Amour
Chantait Vénus et sa cour.
A suivre de loin ses traces
Vous me voyez hésiter;
Il ne chantait que trois Grâces,
J'en ai bien plus à chanter.

Mais je crains la modestie
De femme jeune et jolie;
Je renonce à ce sujet,
Je prends Bacchus pour sujet.

Pour faire une ode à sa gloire,
Son doux jus vient m'exciter :
Par moi, s'il se laisse boire,
Il doit se laisser chanter.

Célébrons avec ivresse
Et notre hôte et notre hôtesse !
Ils nous font boire à loisir
Dans la coupe du Plaisir.
Jusqu'au temple de Mémoire
Je ne pourrai les porter....
A leur santé je sais boire,
Si je ne sais les chanter.

M. Antonin G***.

# RONDE DE TABLE.

*Musique de* Fasquel, *du Conservatoire.*

Amis, amis, le verre en main,
Avec moi chantez ce refrain :
Nargue, nargue du fils de Vénus !
Vive, vive le joyeux Bacchus !
   Du Dieu jouflu des vendanges
   Célébrons tous les louanges ;
   Salut, fils de Jupiter,
   Tu rends nos ardeurs nouvelles,
   Tu rends les femmes plus belles;
   Tu dois leur être bien cher.

   Amis, etc.

   Des Déesses de la Fable
   Laquelle est la plus aimable ?
   Moi qui n'aime que le vin,
   Je dis que c'est Érigone ;
   Elle mordit, la friponne,
   A la grappe du raisin.

   Amis, etc.

Noé, notre patriarche,
Est-il célèbre par l'arche ?
Non, son titre le plus beau
C'est d'avoir planté la vigne;
Convenez qu'il était digne
De ne pas périr par l'eau.

 Amis, etc.

En tout temps à la fillette
J'ai préféré la feuillette,
J'en demande bien pardon;
Femme n'est pas toujours bonne;
Et le vin est toujours bon.
Amis, amis, le verre en main,
Avec moi chantez ce refrain :
Nargue, nargue du fils de Vénus !
Vive, vive le joyeux Bacchus !

# RONDE A BOIRE.

Air : *Pour étourdir le chagrin* (de la Danse interrompue).

Buvons, puisque dans le vin
  Tout se noie,
  Hormis la joie ;
Buvons, et, le verre en main,
Sachons noyer le chagrin.

Boire, aimer, c'est être heureux :
Vive le vin ! la fillette !
Ils enivrent tous les deux,
Tous deux font tourner la tête.
Buvons, etc.

Caressons soir et matin
Bouteille et fille gentille ;
La fille verse le vin,
Le vin renverse la fille.
Buvons, etc.

Si, comme un sage l'a dit,
Comme l'a prouvé Grégoire,
C'est dans le vin qu'est l'esprit,
Que de gens devraient en boire !
Buvons, etc.

Vrais partisans du tonneau,
Nos chansonniers qu'on révère,
Venaient chercher au *Caveau*
Tous leurs vers au fond du verre.
Buvons, etc.

On a fort mal distingué
Les fruits du jus de la tonne ;
Le *Grave* rend toujours gai;
Le *Nuits* ne nuit à personne.
Buvons, etc.

Si Collé, Piron, Gallet,
Sur le vin ont fait merveille,
C'est qu'aussi chaque couplet
Leur coûtait... une bouteille.
Buvons, puisque dans le vin
  Tout se noie,
  Hormis la joie ;
Buvons, et, le verre en main,
Sachons noyer le chagrin.

M. MOREL.

## RONDE DE TABLE.

C'est ici l'heureux séjour
De Bacchus et de l'Amour.

Que chacun fasse silence !
Amis, voici ma chanson ;
Répétons à l'unisson
Le refrain qui la devance.
C'est ici l'heureux séjour
De Bacchus et de l'Amour.

Nous voyons à cette table
Briller les Jeux et les Ris ;
Le vin anime Cypris,
Cypris rend le vin aimable.
C'est ici l'heureux séjour
De Bacchus et de l'Amour.

Buvons toujours sans ivresse.
Amans toujours délicats,
Ah ! plus loin ne cherchons pas
Le bien qui nous intéresse.
C'est ici l'heureux séjour
De Bacchus et de l'Amour.

Vainement on est en garde,
On cède au fils de Vénus,
Quand il trempe dans ce jus
Le trait subtil qu'il nous darde.
C'est ici l'heureux séjour
De Bacchus et de l'Amour.

Bacchus doit souvent sa gloire
A l'objet de notre ardeur;
Un amant devient buveur,
Dès qu'à sa Belle il veut boire.
C'est ici l'heureux séjour
De Bacchus et de l'Amour.

Sans l'espérance de plaire,
Souvent l'esprit même est sot;
Et rarement un bon mot
Vient sans le secours du verre.
C'est ici l'heureux séjour
De Bacchus et de l'Amour.

De la charmante Thémire
Célébrons tous la santé;
Elle est notre déité;
Sans elle pourrions-nous dire:
C'est ici l'heureux séjour
De Bacchus et de l'Amour.

VADÉ.

# LE POUVOIR DU BOURGOGNE.

Air : *Eh! bon, bon, bon, que le vin est bon.*

Quand je suis avec mes amis,
Alors je me crois tout permis;
   Morbleu! rien ne m'arrête.
Ça, courage, gentil voisin,
Comme moi, mettez-vous entrain
   Dans cette aimable fête.
Rions, chantons, à qui mieux mieux,
Sablons ce jus délicieux.
    Eh! bon, bon, bon!
   Le vin bourguignon
   Me chatouille la tête.

Quand je tiens ce flacon brillant,
Je suis vif, je suis sémillant,
   Et fou de haute gamme.
Ai-je le cœur froid de chagrin?
Mes chers amis, c'est le bon vin
   Qui l'égaie ou l'enflamme.
Adieu soucis! *nescio vos.*
Ici vont pleuvoir les bons mots :

Eh! bon, bon, bon!
Le vin bourguignon
Me donne encore une âme.

Non, non, je ne veux plus aimer,
Et je verrais, sans m'enflammer,
Les Grâces et leur mère ;
La plus harmonieuse voix,
Comme le plus piquant minois,
Ne sont plus mon affaire.
L'Amour promet plus qu'il ne tient :
Bacchus à jamais me retient.
Eh! bon, bon, bon!
Le vin bourguignon
Vaut mieux que tout Cythère.

Si je sents là quelqu'embarras,
Chers amis, je n'appelle pas
Esculape à mon aide :
Je verrais un petit docteur,
Du dieu d'Epidaure inspecteur,
M'ordonner de l'eau tiède :
Après de bachiques exploits,
Suis-je réduit presque aux abois ?
Eh! bon, bon, bon!
Le vin bourguignon
Est encor mon remède.

Assis sur de riches tas d'or,
L'avare, en couvant son trésor,
De nos maux se console.
Plutus ne m'offre jamais rien;
Ces pots, ce nectar, sont mon bien,
Bacchus est mon idole.
Que m'importe l'argent comptant?
Sans ce métal je vis content.
Eh! bon, bon, bon!
Le vin bourguignon,
Amis, est mon Pactole.

D. J.

## LE LEVER DU SOLEIL.

Le Dieu qui répand la lumière,
Va terminer sa course dans les flots,
Et quitter le matin l'humide sein des eaux,
Pour recommencer sa carrière;
Mais, malgré l'ordre du destin
Qui lui fait éclairer le monde,
S'il couchait dans le vin
Comme il couche dans l'onde,
Il ne sortirait pas de son lit si matin.

SANADON.

## ASSEZ.

*Air : Chansons, chansons.*

Des faveurs du Dieu de Cythère,
Combien de mortels sur la terre
    Se sont lassés !
Mais quand ton charme nous attire,
Amitié, fais-tu jamais dire :
    Assez, assez ?

La victoire donne la gloire,
La guerre donne la victoire,
    Oui, je le sais;
Mais c'est la Paix que je préfère;
J'aime qu'elle dise à la Guerre :
    Assez, assez.

A mon voisin, s'il m'offre à boire,
Je dis toujours; on peut m'en croire,
    Versez, versez;
Je méprise le buveur fade
Qui dit, après une rasade :
    Assez, assez.

# LE BUVEUR SANS SOUCI.

Dans les champs de la victoire,
Qu'un guerrier vole aux combats;
Qu'il affronte le trépas
Afin de vivre en l'histoire :
Eh! qu'est-c' qu'ça m'fait à moi?
Je jouis mieux de la gloire :
Eh! qu'est-c' qu'ça m'fait à moi,
Quand je chante et que je bois?

Que pour dompter l'Amérique
L'Anglais s'épuise en vaisseaux;
Qu'il se batte sur les eaux
Pour un projet chimérique :
Eh! qu'est-c' qu'ça m'fait à moi?
J'ai le cœur plus pacifique :
Eh! qu'est-c' qu'ça m'fait à moi,
Quand je chante et que je bois?

Qu'un marchand souvent s'expose
Aux dangers pour s'enrichir;
Qu'un amant pour le plaisir,
Ni nuit, ni jour ne repose :

Eh! qu'est-c' qu'ça m'fait à moi ?
De mes instans je dispose :
Eh ! qu'est-c' qu'ça m'fait à moi,
Quand je chante et que je bois ?

Qu'un raisonneur se signale
Par ses projets sur l'état ;
Qu'un habile magistrat
Des lois suive le dédale :
Eh ! qu'est-c' qu'ça m' fait à moi ?
Je n'en vois point qui m'égale.
Eh ! qu'est-c' qu'ça m'fait à moi,
Quand je chante et que je bois.

# LE POUVOIR DE LA BEAUTÉ.

Air : *Vous voulez me faire chanter.*

Le Plaisir, couronné de fleurs,
　　Vient voler sur la table ;
Il attend, pour charmer nos cœurs,
　　Un moment favorable.
Belle Zéphise, où tu n'es pas,
　　Pourrait-il nous séduire ?
Il a besoin de tes appas
　　Pour fonder son empire.

Viens réveiller, sous cet ormeau,
　　L'esprit et la saillie :
On l'attend auprès d'un tonneau
　　Qu'a percé la Folie.
Le Champagne est prêt à partir ;
　　Dans sa prison il fume,
Impatient de te couvrir
　　De sa brillante écume.

Sais-tu pourquoi ce vin charmant,
　　Lorsque ta main l'agite,
Comme un éclair étincelant,
　　Vole et se précipite ?

Bacchus en vain dans son flacon
  Retient l'Amour rebelle;
L'Amour sort toujours de prison,
  Sous la main d'une Belle.

## COUPLET.

(4) *J'aime la force dans le vin.*

Vive le vin ! vive le vin !
Versez, versez, chers camarades;
Chantons, et revenons sans fin
De la chansonnette aux rasades.
Mettons-nous tous à l'unisson :
Que nous importe qu'on en glose !
Si le vin ôte la raison,
Il ôte, ma foi, peu de chose.

FIN.

# TABLE.

A chanter le lait maint génie, page 157
A jeun, je suis trop philosophe, 139
Aimable fille de la treille, 39
Aimable gaîté du vieux temps, 63
Ami, laisse rouler la terre, 91
Amis, que votre goût m'éclaire, 199
Amis, le verre en main, 215
Amour, adieu pour la dernière fois, 179
Après trois mois d'abstinences, 163
A quoi bon former tant de vœux, 106
A table j'aime les bons mots, 49
A tous les maux qu'ici-bas on endure, 56
Aussitôt que la lumière, 177

Bacchus, amis, vient d'ouvrir, 13
Bacchus, contre moi tout conspire, 44
Bacchus, pour toi je renonce à l'Amour, 165
Buvons, disait Anacréon, 45
Buvons, puisque dans le vin, 221

C'est ici l'heureux séjour, page 203
Chantons, buvons, ce n'est qu'ici, 187
Charmante lyre, 127
Comme de vrais sans-souci, 71

D'Anacréon touchant la lyre, 153
Dans ce monde tout est ivresse, 120
Dans la vigne à Claudine, 77
Dans les champs de la victoire, 229
Dans ce séjour délectable, 213
De Bacchus la veine est glacée, 87
De ce vin, 83
De tout un peu, 169
Depuis cinquante ans que je bois, 140
Des frelons bravant la piqûre, 99
Des faveurs du Dieu de Cythère, 222
De tous les Dieux que la fable, 25
Disparaissez, on vous l'ordonne, 41
Doucement à table assis, 193
Du vin je suis toujours charmé, 180

Eglé, je te fais souveraine, 10
En ce jour le sort m'est prospère, 7
Et tic, et tic, et tic, et toc, et tic, et tic, et toc, 57

| | |
|---|---:|
| Fesant les Rois avec Climène, | page 8 |
| Fils d'Epicure, il est certain, | 137 |
| Folâtrons, rions sans cesse, | 72 |
| Fuyant les plaisirs et le bruit, | 9 |
| | |
| Il faut boire pour vingt raisons, | 29 |
| Il part, il fuit à pas pressés, | 37 |
| *In vino veritas*, mes frères, | 89 |
| | |
| Jadis sans art, sans imposture, | 170 |
| J'ai de l'Amour brisé les chaînes, | 202 |
| J'aime Bacchus, j'aime Nanon, | 189 |
| J'aimerais assez être Roi, | 5 |
| Je bois du vin, je fais l'Amour, | 152 |
| Je cherche en vain la vérité, | 145 |
| Je ne suis né ni roi ni prince, | 96 |
| Je ne suis plus jeune, et l'Amour, | 31 |
| Je suis Epicure, | 90 |
| Je suis un Narcisse nouveau, | 51 |
| Jeunes Beautés, laissez toujours, | 208 |
| | |
| La bonne chère et le bon vin, | 197 |
| La gaîté d'un sexe aimable, | 117 |
| L'âge a su borner nos désirs, | 111 |

| | |
|---|---|
| La gourmandise et la tendresse, | page 171 |
| Laissez les sages de la Grèce, | 93 |
| La maîtresse du cabaret, | 105 |
| L'Amour, en badinant, volait sur un pressoir, | 102 |
| L'Amour, l'amitié, le vin, | 52 |
| Le Champagne est mon favori, | 184 |
| Le ciel même créa ce vin, | 118 |
| Le Dieu qui répand la lumière, | 227 |
| Le plaisir est la devise, | 175 |
| Le Plaisir, couronné de fleurs, | 231 |
| Le sort aujourd'hui me fait Roi, | 19 |
| Le verre en main, femme est aimable, | 119 |
| Le vin réjouit, il enflamme, | 79 |
| Le vin, l'Amour et la Gaîté, | 185 |
| Loin d'ici le docte Apollon, | 141 |
| | |
| Malgré les maux et les tourmens, | 181 |
| Ma mère aux vignes m'envoyit, | 107 |
| Mes amis, prêtez l'oreille, | 97 |
| Messieurs, chantez tous avec moi, | 113 |
| Mon cœur adore le maître, | 135 |
| | |
| Nargue du temple de la Gloire, | 74 |
| Non, Bacchus, ta divine gloire, | 110 |
| Nos bons ayeux aimaient à boire, | 61 |
| Nous n'avons qu'un temps à vivre, | 203 |

# TABLE

O Mahomet, ton paradis des femmes, page 75
On fait bien des chansons nouvelles, 167

Peuples, célébrez les appas, 21
Point de gêne dans un repas, 149
Pour charmer le cours de la vie, 28
Pour fêter les Rois on mange, 11
Pour moi ce beau jour est sans prix, 126
Pour que les Dieux nous soient propices, 36
Profitons de la royauté, 17
Puisque le sort favorable, 20
Puisque nous sommes réunis, 130

Quand j'ai bien faim et que je mange, 155
Quand la mer rouge apparut, 166
Quand on a bu la tête tourne, 68
Quand je suis avec mes amis, 225
Que j'aime en un banquet splendide, 121
Que l'on goûte ici de plaisirs, 133
Que l'histoire sur l'airain, 103
Que Louïs au sein de la gloire, 15
Que pour Bacchus ou pour l'Amour, 161
Quel orage effrayant a glacé tous les cœurs, 78
Quel plaisir! d'une main, 195

Rions, chantons, aimons, buvons, 85

| | |
|---|---|
| Sans amour, sans appétit, | 143 |
| Sans ardeur auprès d'Elvire, | 156 |
| Sans boire en vain nous prétendons, | 65 |
| Si j'en crois le dieu du Pinde, | 33 |
| S'il arrive que la haîne, | 172 |
| Si parfois avec mes confrères, | 162 |
| Sous des lambris où l'or éclate, | 123 |
| Sur les bords du triste Achéron, | 201 |
| | |
| Temps passé ne se rattrape, | 125 |
| Toi qui roules dans l'espace, | 129 |
| Tout mon esprit quand je ne suis point ivre, | 132 |
| Tout passe, amis, tout passe sur la terre, | 109 |
| Tous les sujets sont rebattus, | 69 |
| Trève aux chansons, ne vous déplaise, | 148 |
| | |
| Un Colonel d'artillerie, | 1 |
| Un jour, l'enfant de Cythère, | 73 |
| Un Roi l'a dit, mes amis, je l'en crois, | 3 |
| Un soir, que réunis dans leur palais d'azur. | 101 |
| Un sot, qui veut faire l'habile, | 205 |
| | |
| Vainement de prétendus sages, | 115 |
| Vénus, sois favorable, | 53 |
| Verrai-je disputer sans cesse, | 81 |

| | |
|---|---:|
| Viens sous cette antique treille, | page 183 |
| Vins de Surêne, vins de Brie, | 144 |
| Vive le vin, vive l'Amour, | 98 |
| Vive le vin, vive le vin, | 220 |
| Voulez vous chérir la vie, | 173 |
| Vous qui du vulgaire stupide, | 191 |
| Vous qu'ici l'Amitié rassemble, | 159 |
| Vous qui m'avez fait votre roi. | 23 |

FIN DE LA TABLE.

www.ingramcontent.com/pod-product-compliance
Lightning Source LLC
Chambersburg PA
CBHW060120170426
43198CB00010B/962